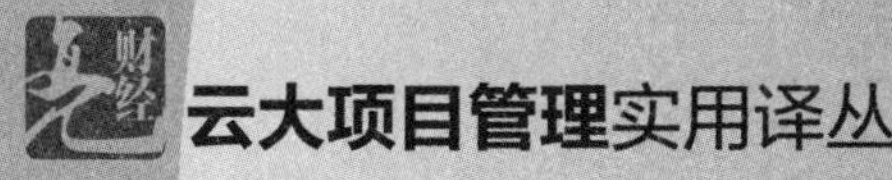

项目风险常见病诊治宝典

The Risk Doctor's Cures for Common Risk Ailments

【美】大卫·希尔森（David Hillson）著
汪小金 李春晖 刘 琨 译

图书在版编目（CIP）数据

项目风险常见病诊治宝典 /（美）希尔森（Hillson,D.）著；汪小金，李春晖，刘琨译.
—北京：中国电力出版社，2016.5（2018.7重印）
（云大项目管理实用译丛）
书名原文：The Risk Doctor's Cures for Common Risk Ailments
ISBN 978-7-5123-9145-1

Ⅰ. ①项… Ⅱ. ①希… ②汪… ③李… ④刘… Ⅲ. ①项目管理—风险管理 Ⅳ. ①F224.5

中国版本图书馆 CIP 数据核字(2016)第064924号

京权图字：01-2015-6467

中国电力出版社出版、发行
北京市东城区北京站西街19号 100005 http://www. cepp.sgcc.com.cn
责任编辑：闫丽娜
责任校对：王小鹏 责任印制：赵 磊
三河市航远印刷有限公司印刷・各地新华书店经售
2016年5月第1版・2018年7月北京第2次印刷
700mm×1000mm 16开本・12.25印张・144千字
定价：48.00元

前言

本书酝酿已久。实际上，自从 1984 年第一次听到这个主题，我用了30年时间来积累风险管理的经验并酝酿本书。由于经常听人们说起“风险管理的挑战性”这个同样的话题，我在 5 年前有了出这本书的想法。

我在做风险医生时，遇到了许多想要更有效地管理风险的个人、团体和组织。他们似乎面临一些共同的问题。他们不断地来找风险医生事务所，请我和同事们帮助解决同样的风险管理问题。本书正是基于这些问题来构想的。

对于如此多的人所面临的这些共同问题，难道不应该集中进行解答吗？对于我们如此经常给出的解决建议，难道不应该让每一个人都能看到吗？

本书将集中呈现从我们多年的经验中所提炼出来的智慧，包括我们所做的尝试以及我们总结出来并验证有效的解决方法。因为我们专门研究如何将领先思想转变为实际应用，所以本书的内容既具思想性，又具实用性。

非常感谢管理概念出版公司对本书写作过程的耐心和支持！玛丽·科威尔和玛拉·斯特劳斯一直鼓励我坚持写作，并向大家宣传本书将会大力提升人们对风险管理的认识、改进风险管理实践。

非常感谢我的同事和客户！是你们让我有机会发现风险管理的新方法。非常感谢一直帮助我完善想法和做法并测试其有效性的所有人！你们的挑战使新见解得以涌现，你们的批评使方法得到改进，你们的兴趣使我不断坚持。谢谢你们！

我的妻子莉兹不停地支持我、照顾我，并让我相信这本酝酿很久的书会不同凡响。我希望本书能如她所言！

最后，我要感谢你们——我亲爱的读者们！如果没有你们，本书就不可能问世。本书的每一个字都是为你们而写，希望能针对你们日常遇到的实际问题，提供一些方法，来帮助你们在项目和企业中更好地管理风险。我希望本书能够对实现风险医生事务所的使命起到重要作用:“帮助人们有效应对无处不在的不确定性”。只要我们牢记并践行这一使命，我们就能够不断前进，把风险管理提高到一个更高的层次，让这些常见的风险管理问题都成为遥远的记忆。

祝愿大家从困扰你们的风险疾病中快速痊愈，并用健康的风险管理方法来创造美好的未来！

大卫·希尔森博士

风险医生

译者序

项目管理作为一个专门的职业和学科，起源于20世纪50年代以美国为代表的西方国家。不过，许多西方的项目管理工作者都把中国2500年前的《孙子兵法》看做项目管理的第一本著作。每一场战争都是一个具有独特性和风险性的项目，《孙子兵法》中的道理自然也就成了项目管理的道理。

西方一直都在向中国学习，特别是学习中国古代先贤留下的经典哲理。中国自然也需要向西方学习，特别是学习西方现代的系统思维和科学方法。借助系统思维和科学方法，我们才能把祖先的经典哲理更好地付诸实践。与中国人的传统思维和方法不同，系统思维和科学方法更强调把道理具体化，更强调用可操作的、结构化的方法把道理落实下去。

作为国际最权威的项目管理标准，《项目管理知识体系指南》(《PMBOK®指南》) 就是系统思维和科学方法在项目领域的具体应用。总部设在美国宾夕法尼亚州的项目管理协会（PMI），从1981年至1996年，花了整整15年时间才开发出《PMBOK®指南》这本标准。这之后，又持续不断地对这本标准进行更新，使之与时俱进、不断完善，引领项目管理的发展。正是这本标准，把原本比较模糊、不便操作的项目管理方法，变成了相对清晰、便于操作的项目管理方法。

不过，为了确保其通用性，《PMBOK®指南》把与知识相关的具体情境剥离掉了。众所周知，项目管理知识必须放到具体的项目情境中才能得到有效应用。本译丛希望能为中国的项目管理工作者还原一部分具体情境，使大家能够更好地理解与应用《PMBOK®指南》中的相关知识，并为大家扩展与创新项目管理知识提供一个较好的基础。

本译丛的选书原则是：与《PMBOK®指南》相符合的原则，通俗易懂及简单实用的原则，非学术著作或教科书的原则。本译丛的每一本书，都由我根据这三大原则向出版社推荐。原著的作者都是具有丰富一线项目管理实践经验的优秀专家。本译丛特别适合已学过《PMBOK®指南》的项目管理工作者阅读，特别适合作为项目管理研究生的课外读物，也适合其他项目管理工作者阅读。

本译丛的每一本书，都由我与一名或两名合作者一起翻译，并由我修改定稿。合作译者都是优秀的年轻项目管理工作者。我希望他们通过翻译这些著作，发展得更快更好！带领他们翻译这些书，也是我用以帮助年轻人的一种方式。非常感谢合作译者的努力！

《项目风险常见病诊治宝典》是本套译丛中的第四本。作者希尔森博士是国际著名的风险医生。本书详细介绍了风险管理十大常见病的症状和治疗方案，包括风险失明症、抑郁症、认知混乱症、精神分裂症、肥胖症、厌食症、近视症、瘫痪症、失语症和健忘症。鉴于健康并不只是没有疾病，本书最后还提供了可用于实现和保持风险管理健康的五大实用策略，包括建立成熟的风险文化、展现明确的风险领导力、不断提升风险管理能力、确保有意识的学习、保持良好的势头。

风险无处不在。一方面，如何有效地管理风险，包括减轻威胁和提高机会，这是每个个人、群体、项目和组织都无法规避的重大问题。另一方面，由于不同程度地患有某种甚至多种风险疾病，大多数个人、群体、项目和组织都面临如何恢复和保持风险管理健康的巨大挑战。毫无疑问，本书能够为大家解决问题、迎接挑战提供巨大的帮助！

虽然我们都有病，但是我们都不害怕疾病。我们敢于借助本书提供的方法来积极面对和治疗风险疾病，恢复和保持风险管理健康！

这是一本每个人都必读的通俗风险管理著作！

汪小金

云南大学教授，《PMBOK®指南》中文版审校主任

2016 年 2 月 20 日

序言

我年轻时，曾经为某公司工作。在那里，大量的成功都是通过“蛮力管理”来实现的——许多聪明人必须依靠辛苦的工作来完成任务。我们没有一套标准或最佳实践来支持我们的工作——当然更没有类似于风险管理框架之类的东西。对于每一个新项目，基本上都需要从零开始。其实，我们本可以也应该做得更好。

令人遗憾的是，仍有太多的大小组织，虽然员工聪明勤勉，但是仍然没有用规范的方法去管理项目和项目集。这直接导致大多数重要项目和项目集都不能发挥最好的作用。更糟的是，它们很可能彻底失败——这并非因为缺乏参与或努力，而是因为突然遭遇了组织未做好应对准备的意外事件。

从全球化到新兴技术，今天的组织面临着越来越复杂的经营环境和史无前例的快速变化。今天的领导者远不只是经营生意；他们还必须建立一套方法，来驾驭环境的复杂性、迎接巨大的挑战，并适应全新的现实——

否则就是对风险视而不见。

啊，风险！它是任何项目所固有的。当今，项目（和项目集及项目组合）已经显示出前所未有的重要性。项目为战略提供新鲜养分，使战略得以存活。为了把战略从愿景变为现实，又必须考虑风险。

为了开展有效的风险管理，我们需要借助框架、过程以及实时可见和有意义的分析工具；我们需要在企业所有层级上进行开放式沟通；我们需要使用敏捷的管理技术。项目管理协会在最新的研究报告《组织的敏捷性：速度与战略》中指出：敏捷的组织更擅长应对风险。这似乎不符合某些人的直觉，他们误认为风险管理仅仅是慎密的计划和对未来的担忧，或者认为敏捷仅仅关注当下。事实上，好的风险管理远非如此。它要求具备适应变化和预测（至少要考虑）困难的能力。困难总是存在的。

从基层的项目视角到高层的组织视角，有效的风险管理都要求编制一份路线图，来确保重要项目在情况变化、进展受阻时仍然能够按计划正常进行。如果需要考虑中止一个注定会失败的项目，或者需要确定一个新的方向并探索潜在的机会，风险管理有助于我们做出明智的决策，采取明智的行动。当面临不测时，有效的风险管理不仅能够减轻灾难，而且能够创造出衍生的价值。

通过本书，你将会懂得风险管理为什么如此重要，又为什么如此困难。本书提供的 10 种风险常见病（如认知混乱症、分析瘫痪症和健忘症）诊治方法，有助于你发现和面对每一天的挑战，并找到实用的应对方法。

高管人员和项目经理都可以借助本书的视野和“风险管理健康”实现策略，来提高对风险的认识。希望本书能帮助你们持续地开展和改进风险管理工作，确保项目和项目集的目标能够全面达成。

如果我年轻时就有这本书的话，我相信我的那家公司已经从中受益匪浅了。我相信你们的公司也一定能从本书获益良多。

郎马克

项目管理协会总裁

作者简介

大卫·希尔森博士（FIRM、HonFAPM、PMI 资深会员、FRSA、CMgr、FCMI）是国际著名的风险管理专家。他带领风险医生事务所为遍及全球大多数行业的大客户提供战略和战术层面的风险管理专业咨询服务。

他是风险管理领域公认的开拓性思想家和实践者，也是该领域受欢迎的会议演讲者和作家。他写了 9 本有关风险的著作并发表许多相关论文。他在该领域的一些创新已被广泛应用。他为这个学科做出过一些创新性的贡献，并被广泛应用。他极力推动人们在风险管理的全过程中重视对机会的管理。最近，他又特别关注了风险管理的软性方面，包括风险态度、风险偏好和风险文化，并且建立了一套灵活的项目风险管理方法。

他和彼得·西蒙合著的《实用项目风险管理：主动的威胁和机会管理方法论》（*Practical Project Risk Management: The ATOM Methodology*）（第 2 版）曾获得项目管理协会（PMI）的 2013 年大卫·克莱兰德项目管理著作奖。风险管理协会曾授予他“2010—2011 风险管理年度人物”，以表彰他在促进风险管理发展和推动风险管理职业化方面的杰出贡献。他也是英国项目管理协会（APM）的荣誉资深会员和PMI的资深会员，这都是对他在项目风险管理方面的杰出贡献的认可。

他曾当选为皇家艺术学会（RSA）的风险委员会成员，领导一个项目来研究社会对失败的态度。他也是特许管理协会的特许资深会员和董事协会的会员。他在风险管理领域之外也涉猎广泛。

他的联系方式：david@risk-doctor.com。

译者简介

汪小金：PMP，澳大利亚维多利亚大学哲学博士（项目管理方向），皇家墨尔本理工大学工程项目管理硕士，江西财经学院经济学学士，项目管理全球标准《项目管理知识体系指南（PMBOK®指南）》第 4 版和第 5 版英文原版征求意见稿审阅人、中文翻译版审校委员会主任。现任云南大学发展研究院项目管理教授，《项目管理评论》杂志首席学术顾问。

李春晖：PMP，精益六西格玛绿带，2001 年上海民航中专毕业进入东航云南公司，2007 年修完云南大学夜大英语专业本科，现任东航云南公司市场部电子商务副主管、管理点项目专家库成员和兼职教员，从事东航云南公司民航专业及项目管理相关咨询、培训工作。

刘琨：PMP，工程硕士，一级建造师，资深项目经理。自 2003 年至今一直从事项目管理工作。先后担任国内某大型制药企业工程部负责人、制药产业化基地建设工程项目负责人。现任某大型企业工程部负责人。

目录

第 1 章

风险常见病概述

在项目或业务遭遇困难或失败时，许多人都会感到失望。也许人们不应过于惊讶。毕竟，项目和业务都是需要冒险的事情。只要冒险，总会有失败的可能性。同时，冒险也意味着可能获得回报，例如为干系人和顾客创造价值和收益，开发出能让世界变得更美好的新型产品和服务。

对于许多企业来说，许多风险都存在于他们所执行的项目中。所有项目都有一些会导致风险的关键特征，包括以下几点：

- 独特性。每个项目都至少有一些以往没有过的新要素，风险自然是与这些要素有关的。

- 复杂性。项目不只是一份简单的待执行任务清单，而是涉及多种多样的复杂性，包括技术、商业和关系等方面的复杂性。这些复杂性都会给项目带来风险。
- 假设和约束条件。确定项目范围时，需要考虑一系列的假设条件(我们认为会发生或不会发生的事情)和约束条件(我们被要求去做或不做的事情)。但是，实际情形可能不同于我们最初的预期，有些条件可能不会如期显现。在大多数项目上，这些都是风险来源。
- 人。项目是由人来执行的，包括项目团队成员和管理人员、客户和顾客、供应商和分包商。所有这些个人和团体，在某种程度上都是捉摸不透的，从而引起项目风险。
- 项目干系人。这些人会对我们的业务及其所属项目提出需求、期望和目标。干系人的需求可能不同、交叉，甚至相互冲突，从而导致项目在执行过程中和完成后的持续运营中都存在风险。
- 变革。开展业务的目的就是创造变革，而项目则是用于实现变革的手段。我们通过做项目来从已知的现在走向未知的未来，整个过程都存在风险。

这些与风险相关的特征是所有项目固有的。一个不具备独特性、没有约束条件、无需人员参与且不会引发任何变革的“项目”，事实上根本就不是项目。如果把风险从项目中剥离出去，那么它就不再是项目，而是变成其他东西了。

所有项目都有风险，这个事实已经对项目管理的几乎每个方面都产生了影响。大多数项目管理技术都是针对项目中的某种风险因素而设计的。例如，我们用工作分解结构来定义和明确项目包括哪些工作及不包括哪些工作，并据此监控项目绩效，从而降低范围风险。类似地，我们用组织分解结构定义项目中的角色，用成本分解结构定义项目预算的构成，从而减少或消除可能的歧义、混淆或误解。我们用项目进度计划描述项目活动之间的依赖关系，以及各活动所需的时间，从而降低关于何时开展何活动的不确定性。

1.1　风险管理的重要性

既然项目管理的每个技术都是在某种程度上针对项目风险的，那么为什么还需要单独开展风险管理呢？理由是：风险管理特别关注日常项目管理技术所不能覆盖的那些风险。

这就是风险管理对取得项目和业务成功必不可少的原因所在。恰当的风险管理，不仅能减少会导致各种问题的威胁，而且能减轻威胁发生的影响。恰当的风险管理，还使我们能够主动地捕捉到更多的机会，并从中获得利益，使得目标更易实现。反之，不当的风险管理将会导致更多的问题、更少的利益和更低的成功机会。

从这个意义上讲，风险管理是一个真正的“CSF”。哪个项目的风险管理做得好，哪个项目就有最大的成功机会[风险管理是“关键成功因素”（Critical Success Factor）]，而缺乏有效的风险管理，就不太可能取得成功[风险管理是“关键失败因素”（Critical Source of Failure）]，如图 1-1 所示。

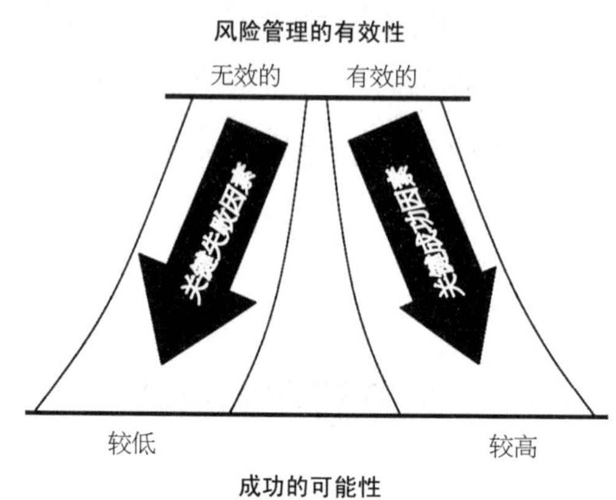

图 1-1 风险管理作为关键成功因素或失败因素（CSF）

总之，风险管理是很重要的，因为：

- 项目和业务都是有风险的，如果想最大化成功的机会，就必须管理好风险。
- 风险管理工作明确聚焦于拟实现的目标。
- 风险管理是主动而非被动的，力求在为时不晚时管理风险。
- 风险管理要求人们先花时间思考再有计划地去应对，防止草率应对。
- 邀请干系人参与风险管理，确保大家达成共识，有利于我们把精力集中在那些真正重要的事情上。

1.2 风险管理的难题

既然风险管理应该有助于人们取得成功，那么为什么还有那么多的项目失败？还有那么多的企业处于挣扎之中？难道是风险管理的基本理论有某种根本性的缺陷？或者，对风险管理理论的实际应用存在根本性的缺陷？

风险管理的基本理论，经过许多学者、标准组织、风险管理人员、项目团队和企业数十年的研究和测试，没有发现有什么根本性缺陷。只要应用得当，这些理论就能够在实践中发挥作用。

问题在于人们不能正确地应用风险管理理论。这通常不是故意的。人们对风险的认识局限或管理过程和技术局限，往往是导致不当或无效风险管理的根本原因。

本书将讨论风险管理中的一些最常见问题。因为相同的问题会反复出现，所以就有必要找到解决这些问题的一系列方法。

1.3　风险常见病

采用医学类比法有助于我们解释风险管理中的常见问题，即用大家熟悉的某些疾病，来类比导致无效风险管理的原因。通过对比疾病症状和风险管理问题，我们可以探索出问题的原因、严重性及处理措施。

本书从第 2 章至第 11 章每一章都针对一种频繁发生并影响广泛的“风险疾病”。对每种风险疾病，我们首先概述其诊断症状，以便人们据此判断自己是否患有此病。然后，我们对每种疾病进行预后，即解释如果不加以处理会导致什么结果。我们还用曾在企业和项目中发生的真实案例来进一步说明风险疾病。最后，我们对每一种疾病提出治疗方案，以便人们从疾病中康复，或者在第一时间预防疾病的发生。

必须指出的是，使用医学类比法，仅仅是出于解释的需要。绝不是要用本书所述的症状去代替相关疾病的真实医学症状，也不是要用本书所述的治疗方法去应对相关疾病的真实患者所面对的挑战。医学类比，仅仅是为讨论风险管理提供了一个有益的起点。

引起企业和项目中最常见问题的十大风险常见病，如表 1-1 所示。

虽然还有许多其他情况也会导致无效的风险管理，但是这十大常见病是最主要的原因。在不同的行业和国家，它们都会反复出现。它们并不是地方性疾病。医学界已经成功地消灭了一些在全世界范围内给数百万人造成巨大痛苦的流行病。同样地，我们也能够使用简单有效的方法来处理这些常见的风险疾病，为那些正遭受折磨的项目经理和企业领导带来希望。

表 1-1　风险常见病的自我诊断

名　称	说　明	症　状
疾病 1： 风险失明症	意识不到风险的存在	• 缺乏风险管理过程 • 英雄主义式管理风格，加上“鸵鸟式管理”或否认风险存在 • 经常发生意外情况 • 疲于救火和应对危机 • 耗尽应急储备
疾病 2： 风险抑郁症	将风险视为完全负面，只盯着威胁而忽视机会	• 情绪低落，丧失兴趣，无精打采 • 总是担心失败 • 在风险登记册中只列出威胁 • 缺少高级管理层的支持 • “预防和保护”心态 • 过量的应急储备
疾病 3： 风险认知混乱症	混淆风险和非风险	• 把非风险（事情、问题、约束、要求）列入风险登记册和风险报告 • 含糊不清的风险描述
疾病 4： 风险精神分裂症	在极端风险规避和极端风险冒险之间摇摆不定	• 极端的风险态度 • 情绪变化莫测 • 没有正式定义的风险临界值

续表

名　称	说　明	症　状
疾病 5： 风险肥胖症	由于不受控制的风险偏好，而不自量力地去冒太多风险	• 太大的风险敞口
疾病 6： 风险厌食症	根本不冒任何风险	• 否认问题的存在 • 极端的风险规避 • 只关注威胁
疾病 7： 风险近视症	只关注短期风险或近距离风险	• 只关注风险细节，缺少大局观 • 只强调短期的战术风险，而忽视长期的战略风险 • 只关注少数风险种类 • 只关注直接影响
疾病 8： 风险（分析）瘫痪症	只分析风险，而不采取后续管理行动	• 无终止地开展风险分析过程 • 缺少应对行动的风险文档 • 过分强调量化风险建模
疾病 9： 风险失语症	虽然知道风险的存在和严重性，但是无法表达	• 不与他人沟通风险情况 • 风险报告被束之高阁，从不使用 • 千篇一律的风险报告，从不针对具体读者进行调整
疾病 10： 风险健忘症	忘记以前的风险经历，不为未来总结经验教训	• 未经管理的风险不断反复发生 • 缺乏组织记忆

1.4　自我诊断

许多曾经的风险疾病患者已经康复，还有许多人仍在遭受风险疾病的折磨。我们可以借助表 1-1 所列的诊断症状，来判断项目或企业中是否存在其中的某一种或某几种风险疾病。

表 1-1 可用于初步自我诊断。后续每一章都将详细讨论一种特定的风险疾病，为确诊而详细描述疾病症状。对于每一种疾病，还将提供一系列已被验证的有效治疗措施。对每种治疗措施，都进行详细描述，以便有足够的可操作性。

对于自己目前未患但以后可能会患的那些疾病，阅读一下相应的章节，你也能获益匪浅。了解这些风险疾病的起因后，我们就能够采取相应措施，确保它们不会在我们的项目或企业中出现。一分预防胜于……

在讨论引起项目和企业风险管理问题的十大不健康情形的同时，我们也必须认真考虑如何才能走上风险管理的健康之路。众所周知，没病不等于健康。我们应该有办法不受可预防疾病的折磨，并确保风险管理一直处于健康状况。本书第 12 章所述的五个简单策略，有助于保持风险管理的健康和强大，为项目和企业带来价值，并最大化成功的机会。

第 2 章

风险失明症

“风险失明症”是意识不到风险的存在。他们机械地认为“眼见为实”，当别人说到风险时，他们完全不理解别人在说什么。他们认为那些声称看到风险的人是在妄想。

还有一种相关的情况，即自愿的风险失明症，是指即使完全意识到了风险的存在，却仍然有意否认它。没有人会比不愿意看见的人更眼盲！那些戴上眼罩的组织或项目团队会对风险视而不见。这种自愿风险失明症与真正的风险失明症有类似的症状，需要采用类似的治疗方案。

2.1　诊断和症状

如果你问风险失明症患者，他们正面临的最大风险是什么，他们很可能回答“我不知道”——实际上这正是他们的最大风险!一位皇家海军上将，每当他登舰视察时，就会问所遇到的每个人：“你最大的三个风险是什么，你正在采取什么措施？”只要不能回答这个问题，就会被处罚。这位海军上将也因此而臭名昭著。

由于来自内外部的不确定性，每个组织都暴露在风险之中。所有项目都是独特和复杂的，都有一系列假设条件、依赖关系和约束条件，都要通过人的努力来实现某种变革。风险的来源是多种多样的，包括内部的技术、商业和管理，以及各种外部因素。对风险的视而不见其实就是逃避现实。坦白地说，根本就不存在零风险项目或无风险组织。

我们应该如何判断组织或项目团队是否患有风险失明症呢？风险失明症的主要症状，如图 2-1 所示。虽然每种症状都由相应的基本因素直接导致，但是各种症状又紧密相连，形成一个不断恶化的循环。这些症状之间的联系和循环，会在组织或项目内部生成一个协调和稳定的状态，使组织或项目很难看到自己的无能。不过，症状之间的联系和循环也给治疗风险失明症提供了一个机会。只要在任何一个地方打破这个循环，就能够取得显著的改善。

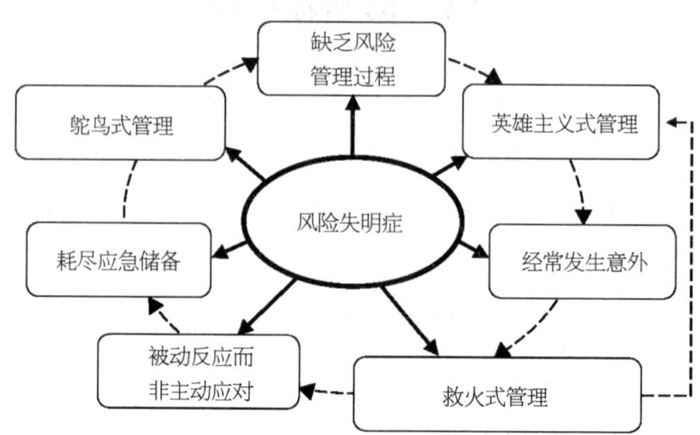

图 2-1　风险失明症的诊断症状

2.2.1　没有风险管理过程

风险失明症排在首位且最明显的症状就是没有风险管理过程。如果没有需要管理的风险，那么为什么要浪费时间召开风险研讨会或审查会呢？为什么要浪费宝贵的资源做风险管理呢？如果你要求查看风险登记册，那么患有风险失明症的组织或项目会直接告诉你，他们没有风险登记册，因为根本不需要它。风险登记册用来记录在可见的未来可能出错的一些假想情况。风险失明症患者则只专注于做好现在的事情，没有时间担忧未来的事情。

2.1.2　英雄主义式管理

在英雄主义式管理风格下，人们会把建立风险管理过程看作软弱的表现和承认失败的表现。他们认为真正的领导者必须是勇士而非多愁多虑者，故根本不需要管理风险。他们必须开拓创新，向目标锐意进取并克服前面的任何障碍。无论任何人指出未来可能存在的风险，他们都总是要求专注于当前而不必担忧未来。

他们甚至把那些识别出风险的人看作会想象出一些虚幻事情的妄想者，把这些人看成是“消极力量”，认为这些人有意提出一些怪事来打击人们的斗志，分散人们迎接当前挑战的注意力。一旦这些所谓的“谣言散布者”要求动用今天的资源去预防或减轻明天可能出现的问题，就会遇到来自风险失明症患者的最强烈抵制。

2.1.3　意外经常发生

英雄主义式管理必然会造成意外经常发生。对于任何组织和项目，风险都是必然存在的。在人类活动的每个领域，只要我们试图做任何值得做的事情，总会存在一些重要的不确定因素——未来的事件和环境会影响我们实现目标的能力。否认风险的存在并不能让风险本身消失，而只是阻止人们提前预见到风险并进行适当应对。无视风险的存在并不能保护人们不受风险的影响，患有风险失明症的人们、团队和组织很可能经常遭遇意外。一旦意外发生，他们就大感惊讶。

由于风险具有威胁和机会的双重特性，因此意外发生也就会有以下两种结果：

- 本可提前预见并规避或减轻的那些威胁，最终变成问题出现，导致了不必要的工期延误、成本超支、浪费、返工、价值降低、声誉损害，以及客户失望。
- 对本应更早发现的机会，错失利用的最佳时机。如果采用积极的风险管理过程，就能够提前识别出并最大程度地利用机会。患有风险失明症的组织或项目却意识不到工作有可能做得更快、更好或更经济，并因此失去节约时间、节约金钱、提高生产率、提高竞争优势和促进创新的良好机会。

2.1.4 救火式管理

在患有风险失明症的组织或项目中，由于意外不断发生，就不得不用救火式管理去处理意外风险的后果。风险失明症的典型症状就是不得不经常救火，花大量时间和精力去解决由于本可避免的威胁所导致的问题，去弥补错失本应抓住的机会所导致的损失。对于项目，这可能意味着重新规划、赶工、重新分配稀缺资源、修改里程碑和调整干系人期望。对于组织，这就会导致危机式管理。高级管理人员不得不经常召开紧急会议，来分析意外出现的原因，制定止损的措施。

2.1.5 被动反应而非主动应对

经常救火，又会导致下一个风险失明症的典型症状：被动反应而非主动应对。组织或项目被迫仅凭直觉快速地对意外风险做出反应，而没有时间冷静思考问题。被动反应是仅靠本能和直觉的，而主动应对则需要深思熟虑。因为缺乏能够对未来风险发出早期预警的风险管理过程，所以在威胁发生或机会错失之前，组织或项目基本或完全没有时间去制订周密的应对计划。

英雄主义的救火式管理只是依靠肾上腺素作用的本能反应，它又使风险失明症的典型恶性循环进一步加剧。虽然在险情出现时，英勇的消防员经常能够依靠本能反应而取得合理结果，但是被动的应急反应通常都不是应对风险的最佳方法，更何况还可能导致次生风险，把事情弄得更糟。

2.1.6 消耗应急储备

用救火来被动解困，必然会导致把动用应急储备作为缓解威胁发生的后果或弥补错失机会的损失的主要办法。诸如威胁规避、转移或减轻等主动应对策略，都只能在风险发生之前实施，而这又要求组织或项目能够提前预知这些风险——风险失明症患者无法做到这一点。同样地，如果不能预先看到机会，那么也无法采取诸如开拓、分享或提高等主动应对策略。风险失明症的典型症状之一，就是把采取紧急应急措施作为主要的风险管理策略，从而导致需要大量的应急储备且往往被花光。

2.1.7 鸵鸟式管理

风险失明症的最后一个症状就是倾向于“鸵鸟式管理”。“鸵鸟式管理”这个术语源于一个都市神话，当威胁来临时，鸵鸟会把头埋进沙里，直至威胁消失。遇到天敌时，鸵鸟相信“如果我看不见你，那么你也看不见我”，从而采用“隐藏”的办法去应对。鸵鸟式管理是指假装风险不存在的管理方式——自认为风险就会因此消失或不会发生。

鸵鸟式管理是风险接受的极端形式。人们因不承认风险的存在而默认接受风险。它并不同于真正的风险接受。真正的风险接受是承认风险的存在，并在经过深思熟虑后接受那些根本无法管理的风险或无须主动应对的轻风险。

把头埋进沙里的鸵鸟只是一个传说。任何试图把头埋进沙里的鸵鸟，很快就会发现这种方法是徒劳无益的。它们也不太可能活下来。同样地，如果组织和项目无视风险的存在，并天真地期望因此能免受风险的影响，那么也会遭遇这样的无情现实：无视风险并不能给自己提供任何保护。假装风险不存在并不能让风险消失，只不过是你蒙着眼睛去冒险而已。风险失明症患者无法在威胁降临或机会错失之前看到风险的存在。等他们看到风险时，为时已晚，只能盲目、被动地去做出反应。

2.2 预后和影响

不能看到所面临的风险，对风险是否发生基本没有影响或完全没有影响。实际上，如果能够提前看到风险，我们至少有机会主动应对。如果没有提前看到风险，就只能任由风险摆布。患风险失明症的组织或项目团队会遭遇一些不利情况。如果不加以有效处理，问题可能会日益严重。

无论在组织或项目层面上，风险失明症都是明显有害的，会直接影响项目交付和效益。因此，必须对风险失明症进行治疗，让患者恢复一定程度的风险视力，及时预知并合理应对风险。

2.2.1 受惊

因为组织或项目经常遭遇意外，所以风险失明症的最明显的结果就是经常受惊。大多数经理和领导都对受惊很反感，受惊会迫使他们只能被动地做出欠佳的决策。以下两种情况都会让风险失明症患者受惊：

- 突然发生一个未预知的威胁。

- 发现一个未预知的机会，却为时已晚，无法加以利用。

这两种情况都会导致工期延误、成本超支、绩效降低、声誉损坏及客户不满。错过了机会，就会降低工作效率，增加达成目标的困难，损害本可为干系人实现的利益和价值。

2.2.2　偏离计划

在患风险失明症的项目中，人们会因项目执行显著偏离计划而受惊。“无法控制”的因素或“无法预见”的环境会导致无法按时实现里程碑，无法按时交付项目成果。“无法预知”的情况会导致成本增加。在使用挣值管理的项目中，“完工尚需估算”这个绩效指标甚至会呈现逐渐增加的趋势。

2.2.3　失去控制

在患风险失明症的组织中，会因失去必要的管理控制，而导致战略决策不断地被意外事件干扰，从而经常需要改变战略方向。在已经采用了“项目组合”或“项目集”概念的组织中，风险失明症会导致经常需要重新排列项目的优先顺序，也会因突发原商业论证或战略计划中未考虑的情况而删去一些项目，来重新平衡项目组合。未曾预料的新情况可能导致原来的战略假设或决策失效，从而必须重新开展基本的决策分析。

2.2.4　士气低下

意外频发，不可避免地会造成混乱局面，从而对员工产生负面影响。没有人喜欢在失控的组织或项目中工作。在这种地方，人们不得不疲于应付未曾预料的问题。大部分人都喜欢具有稳定性和可预测性的工作，特别是对于本应重视规划的项目工作。因此，风险失明症往往造成士气低下，以及频繁的员工离职。

2.3 案　　例

风险失明症的例子，从古至今比比皆是。

2.3.1 泰坦尼克号的沉没

一个多世纪以前皇家邮轮泰坦尼克号的沉没事件，也许是最为人所知的风险失明症案例。它的沉没已经成为因拒绝承认风险而导致灾难的代名词。它配备了当时最先进的安全设施，被许多人看成是“永不沉没”的邮轮。事实上，泰坦尼克号母公司的菲利普·富兰克林副总裁，在泰坦尼克号撞上冰山几个小时后还说：“这艘船是不会沉没的，仅仅是给乘客带来了一点儿不便而已。”对现实风险的视而不见导致了1517个生命的损失，以及邮轮本身的毁灭。

2.3.2 2008年全球金融危机

直到2008年年中，大部分主要的全球金融机构都认为，通过资产抵押贷款安排，例如担保债务凭证和信贷违约互换，可以规避所有的风险。他们轻信这些复杂的金融衍生工具能够消除风险。在资产变现和信用问题袭击到金融部门时，整个结构迅速崩溃，风险迅速出现。

很多风险因素的相互作用，导致了金融危机的广泛影响。全球风险专家协会执行委员会成员彼得·图法诺先生，2009 年 10 月在《哈佛商业评论》写道："在 2008—2009 年金融危机爆发之前很久，业界就已经在议论其中的很多风险因素，例如次贷业务的可持性……美国当前的账户赤字……明显不可持续的居民储蓄率和债务水平……评级模型瑕疵。但是，我们并没有看到这些要素之间的相互作用。这就导致我们对可能导致整个系统崩溃的风险一无所知。"

如果习惯或文化不利于人们承认风险会对取得成功构成威胁，那么在组织的各个层级上，人们都会对风险持有类似的视而不见的态度。

2.4　治 疗 方 案

治疗风险失明症的三个可选方案为：

- 通过标杆对照找出盲点。
- 培养风险管理能力。
- 打破症状循环。

在组织或项目团队中，往往有一些人能够看到被别人否认或忽视的风险。这些人也许能够对他们的同事施加影响，让同事也认识到风险的存在。不过，更常见的情况是，他们会被同事看作杞人忧天者和牢骚满腹者。在这种情况下，需要寻求外部人员的介入，请他们提供对风险的见解。可以向具有成功经验的其他项目上的同行们寻找建议；也可以从外部聘请咨询专家，请他们根据以往在其他地方的所见所闻来提供关于风险的客观看法。

2.4.1 标杆对照

让患者承认问题的存在，是治疗风险失明症的第一要务。要让他们睁开眼睛、直面现实，看到被他们忽视的那个世界。这可能是一个痛苦的过程，因此需要小心谨慎地处理。由内部同事或外部咨询专家，把本组织或项目与其他主动管理风险的组织或项目进行标杆对照，让组织或项目团队看到风险的存在。

标杆对照可以采取以下形式：

- 把我们自己的做法与公认的专业标准进行比较。
- 确定我们应如何达到业界同行和竞争对手的水平。
- 考察其他行业中的一流组织或项目的风险管理做法。

标杆对照的目的是，向风险失明症患者证明风险普遍存在于所有项目和行业中。在识别和承认风险之后，才能主动应对风险，更好地完成项目，实现组织目标，为客户和干系人创造更大的利益和价值，提高声誉，提升员工士气。随着逐渐了解别人是如何看待和管理风险，风险失明症患者就能够建立起一定程度的风险意识，并意识到自己一直都在忽视一些很重要的事情。

2.4.2 培养风险管理能力

意识到不该忽视风险之后，风险失明症患者就可以进入治疗环节。治疗的目标是建立有效的风险识别和管理能力。不要急于寻找快速治疗方案。例如，不应寄希望于通过风险培训和风险软件来立竿见影。虽然培训和软件对建立风险管理能力是很重要的，但它们并不全面。

要正确管理风险，就需要从以下四个方面来培养风险管理能力。

- 文化：包含全面风险意识的组织精神和组织风格。
- 过程：用于识别、评价和管理风险的有效过程。这些过程必须是可调整的，且与其他业务过程、项目过程相互协调。
- 经验：全体员工都不仅具有一定的风险管理技能、知识和能力，而且被授权管理风险并承担相应的职责和终责。这有利于建立学习型组织。
- 应用：在组织的所有层级上都要采用综合的方法来实施规范有效的风险管理，使各种风险都得到合适程度的管理。

要关注上述每一个方面。只有从这些方面同时入手改善风险管理，才能取得最好的效果，以确保效益的实现和巩固。这种综合解决方案不仅能够直击风险失明症的根本病因，而且可以建立应对风险的能力。所以，它是用于治疗风险失明症的主要方案。

实施这种综合解决方案，需要组织的大量投入。可能要花费一段时间，才能建立真正有效的风险管理能力。因此，耐心和坚持是必不可少的。患有严重风险失明症的组织，应该从小处着手，设定可实现的目标，取得并庆祝早期成功，从而建立和维持提高风险管理能力的势头。

2.4.3　打破症状循环

通过主动针对风险失明症的症状来开展治疗。各种症状之间的连接性质，如图 2-1 所示，使我们有机会在一些连接点打破这些症状之间的循环。可以借助上文的综合解决方案，来处理“没有风险管理过程”这个第一症状。后面的三个症状又形成一个小循环，即英雄主义式管理导致否认风险的存在和意外的经常发生，意外发生又导致救火式管理，救火式管理又进一步导致英雄主义式管理。可以用下列方式来打破这三个环节中的任何一个：

- 英雄主义式管理。通过领导力培训或训练，暴露管理方式的无效性及所导致的不利后果，挑战并要求改变英雄主义式管理。可以借助某种成熟的性格分析方法来帮助人们了解自己的性格特征，以及相应的优点和缺点，使他们意识到还有更加适合、更加有效的其他管理方式。
- 意外经常发生。应该书面记录已发生的意外，统计意外发生的频率，并在管理会议上如实公布，让大家都知道意外发生的经常性。风险失明症患者往往没有能力发现低绩效或坏消息重复出现的规律性。他们把每一个不良意外都看作只是“运气不好”，只是不能代表某种趋势的一次性事件。可以通过分析每一个意外的根本原因及与之相关的系统缺陷，来确定合适的治疗行动。可以采用“意外登记册”来记录每一个未预期的问题或每一个被错失的利益。图 2-2 是一个意外登记册样本。
- 救火式管理。开展经验教训总结，有助于发现在组织或项目中存在救火式管理的程度。应该召开经验教训总结会议，鼓励经理和成员们讨论截至目前的绩效和进展，指出应该改进和发扬之处。

应该定期开展经验教训总结。在项目上，每一个工作阶段结束时或每一个主要里程碑实现时，以及整个项目完工时（召开项目后评价会议），都要总结经验教训。为了促进组织的学习，在组织中，可以随同战略规划周期的进展或在做出重要决策后召开经验教训总结会。一旦在经验教训总结中发现救火已经成为一种常态，那么就必须加以特别关注。

意外登记册

项目名称：	客户：	登记册编号：
项目编号：	项目经理：	最近更新日期：

编号	意外的原因	意外事件（写明日期）	意外的影响（积极或消极的）					采取的治疗行为	可能的预警信号	经验教训
			成本	时间	质量	声誉	其他			

图 2-2　项目意外登记册样本

可以用类似的方案来处理风险失明症的剩余三个症状。使用标准的成本控制或挣值管理方法，考察战略、经营和项目预算层面上的应急储备过量使用情况。借助领导力培训或训练，揭露鸵鸟式管理，如同揭露英雄主义式管理。通过经验教训总结，发现与救火式管理相伴的被动反应式管理。

采用对症下药式治疗方法，我们可以一次针对一个症状或多个症状。我们的目标应该是在最脆弱的那个点打破症状循环。在某些组织中，英雄主义式管理风格可能根植于组织文化，难以打破。在某个项目上，可能已经形成一些行之有效的复杂救火技术，团队成员不愿意放弃。在这些情况下，我们应该针对某个最易改变的症状，采取最能产生效果的干预方法。

> 风险失明症是一种会对组织和项目产生重大消极影响的严重疾病。从风险失明症中康复通常只能是一个渐进的过程，患者只能逐渐恢复风险视力。早期的风险视力可能仅限于看到风险轮廓，而并不能看到风险细节。随着时间的推移，再逐渐恢复到能看得更仔细、更深入且更清楚。要从风险失明症恢复到具有完全的风险视力，需要较长时间。在康复过程中，可能还需要来自具有完全风险视力者的支持。他们可以指导和领导风险失明症患者逐渐恢复风险视力，直到完全康复。任何组织或项目团队，如果想要避免意外发生，从被动反应变为主动应对，必须首先认识到自己需要治疗，也需要别人的支持，直到自己能够看清风险。

第 3 章

风险抑郁症

如果个人、团体、团队或组织仅把风险当成消极的事物，那么就患上了“风险抑郁症”。大多数国际风险管理标准和指南都已经明确指出，“风险”这个概念同时包含正反两个方面。例如，威胁和机会都符合 PMI 关于风险的定义，因为它们都是“一旦发生，会对一个或多个目标产生影响的不确定性事件或条件”。威胁和机会之间的唯一区别就是发生后的影响具有不同的性质。威胁产生消极的影响，例如工期延误、成本增加、业绩降低、声誉损失；而机会产生积极的影响，例如工期缩短、成本降低、业绩提升、声誉改善、价值提升。

尽管这些风险管理标准都强调了应该同时管理正反两类风险（最好采用能兼顾两类风险的整合性风险管理过程），但是很多组织仍然忽视正面的机会，只专注于负面的威胁。偏执于威胁，这就是风险抑郁症的病因。

风险医生事务所曾经对 186 个组织进行了调查，如图 3-1 所示。结果显示，一半多的组织仅使用风险管理过程来管理威胁。这其中，又有约一半组织只管理威胁而不管理机会；另一半组织则在采用风险管理过程管理威胁的同时，采用不同的过程来管理机会。仅有 38%的组织采用同一套风险管理过程，整合管理威胁和机会。因此，可以说，有一半多的组织都患有某种程度的风险抑郁症。

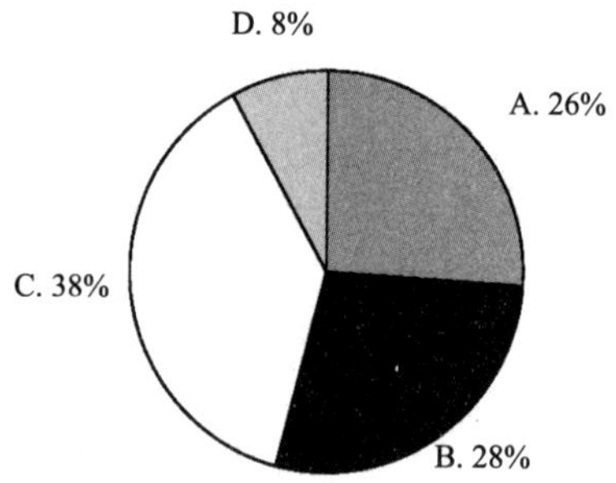

注：A—仅针对威胁开展风险管理，无机会管理；
B—风险过程仅用于管理威胁，另有独立的机会管理过程；
C—使用整合性风险管理过程同时管理威胁和机会；
D—其他

图 3-1 组织的风险管理方法

来源：Effective Opportunity Management for Projects by David Hillson, CRC Press/Taylor & Francis Group.

那些只关注威胁而不考虑机会的组织，也很容易从风险抑郁症发展为所谓的“风险妄想症”——一种陷于非理性极端恐惧的严重病症。过分关注威胁，会导致错误的判断和不合理的行为。

3.1　诊断和症状

世界卫生组织（WHO）把临床抑郁症定义为，“一种常见的精神紊乱，表现为心情郁闷、失去兴趣或快乐、产生负罪感或自尊心不足、睡眠或食欲紊乱、精神不振或注意力不集中。这些问题可能长期存在或经常复发，从而严重影响个人的日常自理能力。”（www.who.org）临床抑郁症的大部分症状也存在于风险抑郁症中。风险抑郁症也是一种常见的精神紊乱。很多组织不理会风险管理标准中的明确规定，而固执地把风险仅视为消极的威胁。这种做法，既不符合风险管理标准的规定，也不符合风险管理界的最佳实践。

除了上述一般症状以外，患风险抑郁症的个人、团体、团队和组织还经常有一些其他的症状。

3.1.1　只含威胁的风险登记册

诊断风险抑郁症的主要办法是检查项目或企业中的风险过程和风险登记册。如果风险登记册中只有消极风险或威胁，那么在个人或组织的思想中就很可能没有“积极风险”的概念。如果风险过程中没有适用于积极风险的工具、技术或语言，那么个人或组织就不可能用结构化方法抓住并利用机会。

3.1.2 失去兴趣

因为相信负面的不确定性会必然导致失败，所以风险抑郁症患者会对项目或企业失去兴趣。由于总是担心失败，个人、团队或组织就失去了在从事创造性或生产性事业的过程中本应享受的快乐。一旦风险抑郁症患者相信他们本应能够预见或规避较大的威胁，或者一旦可预防的问题发生，他们就会产生负罪感或失去自尊。只看到坏的可能性，也会导致人们降低精力投入，引发一无是处的感觉。

3.1.3 把风险看作坏事

风险抑郁症患者把风险仅看作麻烦。他们去参加风险讨论会时，经常会带着末日来临的情绪。“我们已经有太多事情要担忧了，我们已经太忙了。现在，我们又不得不花时间去考虑所有可能出错的事情。其实，其中的大部分事情都不会出错。这是多么浪费时间啊。”类似地，在收到风险报告时，或者，在审查会的议程中看到风险议题时，高级管理人员的常见反应是“为什么要关注负面事件？别把问题交给我，请给我解决方案！”他们把风险管理工作者看作麻烦的制造者或坏消息的传递者，总是用潜在的灾难来恐吓别人。

3.1.4 缺少高级管理层的支持

视风险为坏事的直接后果，就是高级管理层不愿意支持风险管理工作。最常见的表现是，用于应对风险的资源缺乏或应急资金不足。经理们喜欢和获胜者打交道，而不愿意接近那些总是担忧或谈论可能出错的事的人。

他们也不愿意将资源用于处理那些不太可能的风险。“既然我们无需做任何事情，也可能幸运地避开威胁，那么为什么要浪费时间和精力去担忧呢？”

3.1.5　“预防和保护”心态

把所有风险都看作消极的，这种思维局限会导致人们采取保护主义态度，从而阻碍革新和创造。一旦认为环境是不利的，高级管理者和项目团队就会采取防御姿态，用安全模式应对“万一事情变坏”。这种心态会使团队成员大伤元气，使他们变得消极、焦虑，失去达成挑战性目标的信心。

3.1.6　过量的应急储备

过量的应急储备，是风险抑郁症的一大症状。虽然应急储备是对不可管理风险和未知风险的有效应对措施，但是它并非应对所有风险的灵丹妙药。组织和项目团队，应该基于以往经验或行业规范，为特定业务或项目预估出“正常水平”的应急储备。风险抑郁症会导致人们把应急储备定得高出合理水平许多。

3.2　预后和影响

风险抑郁症是一种需要密切关注的疾病。风险抑郁症后期患者会对各种威胁表现得过分谨慎，并采取过分的预防措施。世界卫生组织指出，临床抑郁症会“严重影响个人的日常自理能力”。风险抑郁症也会严重影响项目或组织的日常工作能力。风险抑郁症会导致严重的后果，特别是悲观主义泛滥，人们普遍不相信能够实现目标。

3.2.1 悲观主义和失去动力

风险抑郁症患者深信这个世界是不友善的，许多糟糕的事件将会发生。在这种消极心态下，他们总是预料最坏的事情一定会发生，对于实际发生的坏事也不会感到惊讶。悲观主义的态度会降低员工士气，使他们产生无用感。

如果不加治疗，风险抑郁症还会进一步发展为风险妄想症，导致人们对威胁的非理性极端恐惧。如果这种情况在一些重要成员或团队中蔓延，甚至成为组织文化的一部分，那么就会导致错误的判断和不合理的行为。

3.2.2 通向失败的单行道

如果风险管理过程仅限于发现和处理威胁，而忽视机会，这就会形成一条通向错过目标、不良绩效和最终失败的单行道（除非是所有威胁都可管理的最简单项目）。

图 3-2 显示了 4 个威胁。如果对它们都不加管理且实际都发生了，那么将会导致绩效下降和无法达成目标。如果我们对这 4 个威胁制订应对计划，情况会怎样呢？如果应对计划完全有效，就能够克服或规避威胁 2 和威胁 3 的影响，同时减轻威胁 4 的影响。然而，还有一些残余的影响，即威胁 1 的全部影响加上威胁 4 的部分影响。

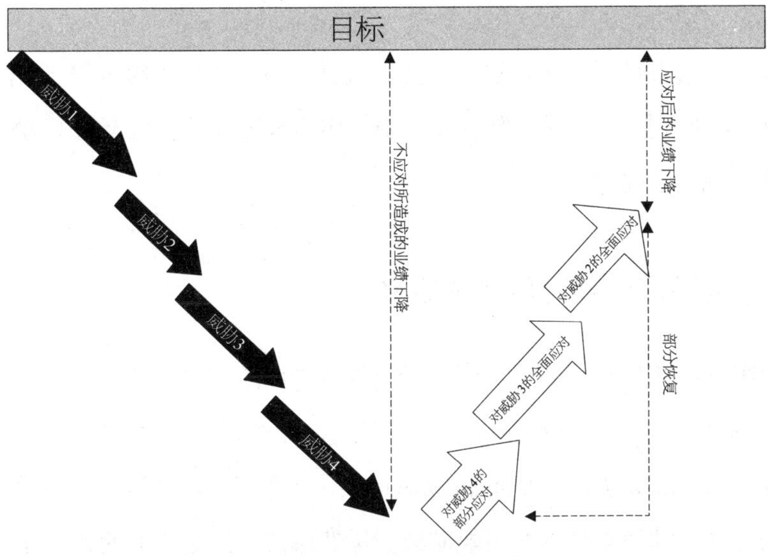

图 3-2　通向失败的单行道

要完全消除威胁，几乎是不可能的。在实施事先制定的应对措施之后，还会残存一些风险。这些残存风险可能导致某种程度的业绩下降，使项目无法达成原定目标。换句话说，只关注威胁必定导致某种程度的失败，剩下的问题仅为：失败的程度有多大?

3.3　案　　例

因为风险抑郁症是如此普通，且有如此明显的影响，所以很容易找到与大型组织有关的许多案例。最容易找到这类案例的地方是公共部门。公共部门的项目不仅大型复杂，而且信息透明公开。

当然，由于很多原因，大型复杂项目往往不能完全满足人们的期望，不能完全实现所有的目标。在几乎每一个大型项目上，都有这么一个原因：没有通过风险管理过程主动管理机会。而这又主要是因为组织对“风险”的定义是有问题的。美国国防部（DoD）和美国国家航空航天局（NASA）就是两个很突出的例子。

3.3.1 美国国防部对风险的定义

美国国防部采用了一个不同于行业观点的风险定义。美国国防部把风险看成是负面的，正如在《国防部采购工作风险管理指南》（*Risk Management Guide for DoD Acquisition*）中规定的那样：“风险是指对事先制定的方法及其预期结果的可能偏离。虽然偏离可能是正面的或负面的，但考虑到在采购过程中经常出现负面的偏离，本指南仅讨论负面的偏离。”为了与它自己的定义相比，美国国防部引用了《项目管理知识体系指南（PMBOK®指南）》中的风险定义作为行业观点的代表。该指南中的风险定义，同时包括了威胁和机会，与其他专业协会和标准组织广泛持有的观点一致。

3.3.2 美国国家航空航天局探测技术开发计划

美国国家航空航天局的探测技术开发计划（ETDP）是另一个明显把正面风险或机会排除在风险管理之外的例子。ETDP 旨在提升技术工艺水平来支持美国航空航天局实现组织使命。美国航空航天局通过该计划来启动和实施各种项目，开发出新型技术来满足未来宇航飞行的需要。显然，ETDP 项目的技术风险巨大。美国航空航天局为管理技术风险制定了严格的风险管理方法。在意识到这种方法无法实现所需的技术突破之后，ETDP 办公室开始了全新的思考。

ETDP 的风险管理方法，起初主要是基于美国国防部针对威胁的传统方法。经过认真考虑之后，ETDP 办公室决定尝试在风险管理中同时包括机会，并用“星座计划”作为试点项目。ETDP 办公室召开了一个小型的机会识别研讨会。研讨会识别出了八个能让 ETDP 克服当前瓶颈的战略机会，使大家对 ETDP 有了新的重要认识。随后，ETDP 办公室提出了对美国航空航天局标准《机构风险管理程序》（Agency Risk Management Procedural Requirements）（NPR8000.4A）的修改建议。办公室建议美国航空航天局把主动的“机会管理“纳入日常的风险管理过程中。目前，这些建议还未被正式采纳。虽然尚不清楚建议未被采纳的正式理由，但是从他们坚持把风险仅定义成威胁这一点来看，我们可以说在美国航空航天局的相关部门存在严重的风险抑郁症。

3.4 治疗方案

既然风险抑郁症是一种紊乱，那么个人、团体、项目团队或组织就不应该把它视为一种“正常”情况，并把风险仅局限于消极的威胁。风险抑郁症患者应该扩大自己的视野，在看到威胁的同时也看到机会。

建立结构化的风险管理过程，用于捕捉机会。这种做法能够创造真正的价值，例如提高工作效率和项目成功率。

风险抑郁症的主要治疗方案之一，是关注在风险管理中考虑机会所带来的利益。然而，这只是整个疗程的最后一步，之前还必须开展几个治疗阶段。风险抑郁症的治疗阶段包括：

- 在风险教育和培训中增加与“机会”有关的内容。
- 扩展风险管理过程，使之也适用于机会。
- 举行“好运”研讨会。
- 采用具体的机会识别技术。
- 关注考虑机会所带来的利益。

3.4.1 在风险教育和培训中增加与“机会”有关的内容

要治疗风险抑郁症，首先必须采取积极的思维方式。这是最重要的处方。世界卫生组织指出，抑郁症的根源在于思维方式的缺陷。同样，风险抑郁症的根源也在于人们用错误的思维方式看待风险。治疗风险抑郁症，就必须解决悲观主义的心态，避免用完全消极的方式看待风险，例如把风险完全看成是伤害、损失、危险、冒险和受伤。实际上，这只是看到了事物的一个方面。“风险”一词本来就发源于同时考虑潜在得失的思想。

在中世纪，欧洲的商人们到东方淘金，他们知道整个旅途充满危险。然而，对财富的渴望仍促使他们不顾危险地驶向大海。意大利语中的“risicare”一词是用于描述诸如航海之类行动的。这类行动有两种可能的结果：灾难或财富。这个词的字面意思是“敢于”，意指人们敢于选择可能失败或成功的某种行动。“risk”（风险）就发源于“risicare”这个词。商人航海，是在“用船冒险”，因为他们既可能因沉船而身亡，也可能带着巨额财富回来。

类似地，根据中国人的阴阳平衡观念，在自然界中，两种看似对立的力量也是相互联系、相互依赖、相互促进的。阴和阳是一个更大整体中的两个相互补充的对立面。中国汉字“危机”，经常被翻译成“risk”，也代表着“危险”和“机会”同时并存。

为了防范风险抑郁症，鼓励用更广的视角看待风险，组织需要把“机会”的概念融进个人和团队的风险思维中。为了做到这一点，组织又需要在各种场景中不断强调与“机会”有关的内容，例如培训课程、程序说明书和报告标准。应该对员工进行思维和语言的再教育，确保他们能够承认和接受风险具有威胁和机会这两个方面。

3.4.2　扩展风险管理过程，使之也适用于机会

因为机会是相对于威胁的另一种风险，所以我们可以采用同一套风险管理过程管理机会和威胁。整合性风险管理过程，对于许多组织来说，都是全新的。幸运的是，仅做些修改，就能够把标准的风险管理过程转变为同时适用于管理机会和威胁。

图 3-3 显示了最佳风险管理过程中的步骤，表 3-1 总结了为了将该过程扩展为适用于机会而需要进行的修改。需要对以下步骤进行较大的修改：风险识别（采用各种技术识别机会）、定性风险评估（定义正面影响临界值）、风险应对规划（制定具体的机会应对策略）、风险沟通（把机会列入风险登记册和风险报告）。其他步骤均无需大改，即可同时适用于管理机会和威胁。

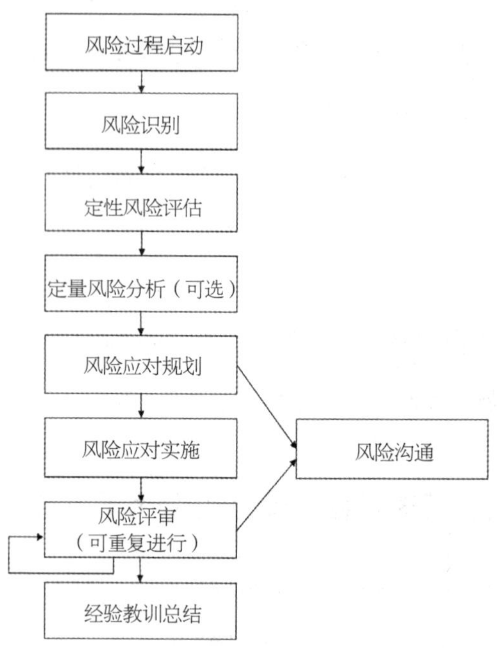

图 3-3　最佳风险管理过程中的步骤

表 3-1　把风险管理过程扩展为适用于机会

风险管理步骤	目　　的	为适用于机会所需的修改
风险过程启动	定义风险管理过程的目标、范围和实用参数	无需修改，虽然明确指出“要在风险管理过程中正式包括机会”是有好处的
风险识别	识别当前所有可知风险，既要识别单个风险，又要识别整体风险的各种来源	采用两维的风险识别方法（如 SWOT 分析）发现威胁和机会，采用专用于识别机会的技术（如利益树分析）
定性风险评估	评估单个风险的关键特性，对它们排出优先级，以便进一步行动；评估风险敞口的呈现模式	为不同等级的机会规定积极风险影响的临界值，例如针对目标的低、中、高积极影响临界值

续表

风险管理步骤	目　　的	为适用于机会所需的修改
定量风险分析	评价风险对目标的综合影响，评价项目的整体风险敞口	针对已识别的机会，使用评估数据，为定量风险分析模型设置“最小”或“最优”值
风险应对规划	为单个风险和整体风险确定适当的风险应对策略和行动	在制定威胁应对策略的同时，制定机会应对策略（如开拓、分享、提高、接受）
风险应对实施	实施经一致同意的行动，确定它们是否有效，并识别次生风险	确保针对已识别的机会，采取适当的应对行动
风险沟通	通知干系人当前风险敞口的级别和对成功的影响，包括单个风险和整体风险，视情况而定	修改风险登记册的格式，使之也能记录关于机会的数据，确保在所有的风险报告中都包括机会
风险评审	评审已识别的单个风险的变化及整体风险敞口的变化，识别所需的额外行动，评审风险管理过程的有效性	无需修改，用针对威胁的同样方法评审机会管理的进展情况
经验教训总结	总结风险管理的经验教训，供以后类似项目借鉴	在总结与威胁相关的经验教训的同时，也要总结与机会相关的经验教训

3.4.3　举行“好运”研讨会

对于患风险抑郁症的组织或团队，要打破在风险研讨会中只讨论威胁的习惯可能是很困难的。与其在常规风险研讨会中努力记住也要识别机会，还不如举行单独的机会识别会议。后一种做法可能更加富有成效。举行机会识别会议，可以采用与举行常规风险研讨会相同的方法。机会识别会议要求全部相关干系人参加，由一位独立专家来主持。所有参会人员都要事先做好充分准备，以便对会议做出贡献。

在机会识别会议上，可以采用一些创意激发技术，如可视化技术、肯定式探询、幻想性思考。会议旨在主动识别出对实现目标有积极影响的未来不确定性事件或情况。这些事件或情况，如果出乎预料地发生，那么就属于“好运”。举行“好运”识别会，是要提前预见可能的好运，以便采取措施使我们更加“走运”。

3.4.4 采用具体的机会识别技术

无论是单独举行“好运”研讨会，还是在同一次研讨会中既识别威胁又识别机会，都应该采用一些具体的技术识别积极风险。首先必须明确我们要寻找什么。我们要寻找那些可能发生或不发生的、一旦发生则有助于实现目标的不确定性事件。例如，这些事件一旦发生，我们就能够更好、更快、更经济地开展工作。

可以识别出四种不同类型的机会：

（1）因威胁未发生而产生的机会。坏事没有发生，也许就意味着机会。例如，不良的劳资关系没有引起罢工，我们也许就能够制定新的奖励方案，把不利局面变成有利局面。

（2）作为威胁的反面的机会。处于某个连续量表上的变量，其最终结果是不确定的。我们也许不应该仅把它定义为负面风险，还应该把它定义为正面风险。例如，某项新任务的生产率是未知的，它可能会比所预料的更低（威胁）或更高（机会）。

（3）作为次生风险而产生的机会。次生风险是因应对一个风险而引发的新风险。有时，应对一个风险会把事情变得更糟（例如，引发了一个新威胁）。但是，我们也有可能通过应对风险创造一个新机会。例如，为了避免开车出行可能的延误，我改乘火车，这就使我有机会在火车上做一些有用的工作。

（4）与威胁无关的“纯”机会。这些都是可能发生的意外好事。例如，可能出现一种项目可以利用的新的设计方法；新招募的团队成员可能具有解决难题的某种意外技能。我们应该运用创新思维，主动寻找这类机会，并分析它们可能给我们带来的额外利益。

有些机会和相关威胁之间存在关系，这就使我们可以先识别出威胁，再问一问：威胁不发生是否会产生机会？或者，威胁的反面是否是机会？我们也应该考察一下计划采取的应对行动，看看它们会不会开创新的可能性，有助于我们实现目标。不过，“纯”机会往往最有潜在的利用价值。

虽然可以使用标准的风险识别技术（如头脑风暴、研讨会、假设检验、根本原因分析、风险访谈和核对单）识别机会，但是长期养成的习惯使人们很容易把这些技术仅用于识别威胁，并且很难做出调整。所以，使用专门针对机会的风险识别方法，可能是更可取的做法。

建立机会核对单，这是一种很容易实施的机会识别技术。它要求随时记录已经出现的机会，并按一定的逻辑结构保存在可调用的数据库中。在未来的类似项目上，可以使用这个数据库确保类似的机会不会被忽视或错过。开展经验教训总结，这是用于汇集曾经出现的机会的最好手段。借助某种通用的风险分解结构，则可以更加结构化地列出曾经出现的机会。

SWOT 分析是第二种机会识别技术。它要求从四个不同的视角考察不确定的情形。

- 优势：支持目标实现的特征、资源或能力。
- 劣势：阻碍目标实现的局限、故障或缺点。
- 机会：不确定的有利事件或条件，一旦发生，将产生一个有利的结果（积极风险）。
- 威胁：不确定的不利事件或条件，一旦发生，将产生一个不利的结果（消极风险）。

SWOT 分析通常用于战略决策的制定，要把它用作风险识别技术，需要进行适当调整。我们应该从优势中识别出机会，从劣势中识别出威胁。先通过头脑风暴来识别优势和劣势，再来识别对实现目标有影响的机会和威胁。如图 3-4 所示，把已识别出的优势和劣势作为起点，某些机会可能源自同一个优势，某些威胁可能源自同一个劣势。

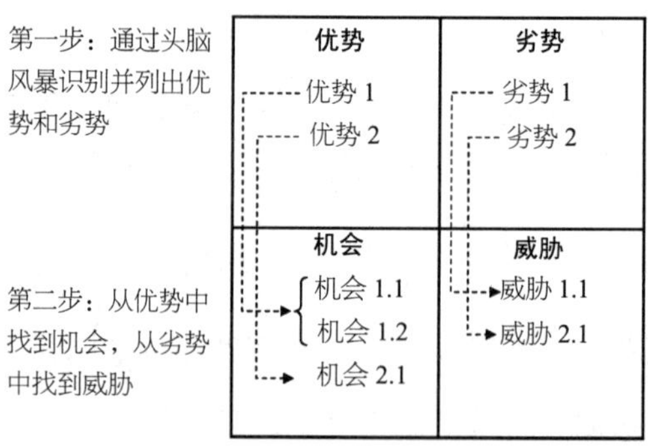

图 3-4　SWOT 分析

我们还可以借鉴著名的故障树分析（FTA）和失效模式与影响分析（FMEA），制定出另一种对识别机会特别有用的技术。工程师们一直都在使用 FTA 和 FMEA 分析技术方案或项目可能失败的各种方式。我们可以借鉴 FTA 开展利益树分析（BTA），借鉴 FMEA 开展成功模式与影响分析（SMEA）。首先，列出我们想要取得的最终利益，如时间节约、成本降低、业绩提高、声誉改善。然后，我们依次针对每种利益，考察应该如何实现，以及为什么能够实现。哪些有益的不确定性事件可能有助于我们实现这个利益？我们能够采取什么措施来更快速、更有效或更经济地实现目标？

图 3-5 是一个 BTA/SMEA 的例子。这是一个为了将现有产品投放新市场而进行的产品改造项目。这个分析是从右向左倒推进行的。先列出想要获得的利益，再列出可能的中间驱动因素，再识别出各种可能的机会。

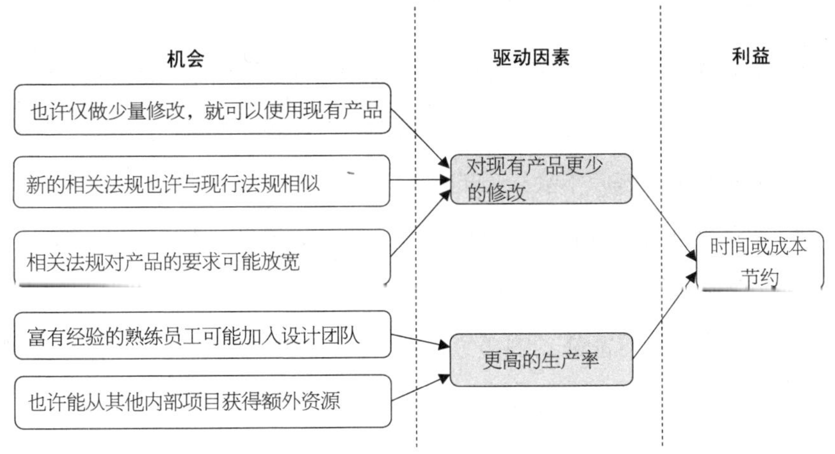

图 3-5　利益树分析/成功模式与影响分析的例子

3.4.5 关注考虑机会所带来的利益

风险抑郁症治疗计划的最后一步是庆祝成功，让其他人看到同时考虑威胁和机会的整合性风险管理方法是有价值的。只有在前面其他步骤都完成，且思维和实践都符合更宽阔的风险视野时，才能开展这个最后的步骤。当个人和团队都认识到同时管理正面和负面风险的重要性时，当风险管理过程已经扩展到可以等同地管理正面和负面风险时（需要添加必要的技术），组织就应该能够看到利益。确保大家都知道和认可这些利益，将有助于大家进一步认识到风险抑郁症是一种病态，以及还有更好的思维和行动方式。

采用同时考虑威胁和机会的风险管理方法，能够获得一系列显著的利益，包括：

- 利用更多的机会。在风险管理过程中考虑机会，能够提前识别并主动管理更多的机会，而不仅仅是期待好运的出现。特别是，能够发现并抓住一些原本会失去的机会。
- 中和威胁的影响。通过发现和利用机会，并实现相应的利益，就可以在某种程度上缓解威胁所带来的不利影响。
- 提高成功的可能性。因为至少能够抓住一些机会，所以最终就能够提高项目成功的可能性。
- 鼓励革新和创新。识别机会的过程是用积极的心态为实现价值而探求更好方法的过程。只有用更加创造性的思维，才能识别出尽可能多的机会。
- 提高效率。采用整合性方法同时管理威胁和机会，能够提高活力和效率。如果组织过去已经采用风险管理过程管理威胁，那么就很容易采用整合性方法显著提高效率。

- 激励团队。对于不得不去面对所出现的危机或解决本可避免的问题，人们会感到很沮丧。管理积极风险，能够促进业绩的改进，从而激励团队，提高成员的工作满意度。
- 展现专业水准。用结构化方法管理正面风险，就可以向同事、客户和竞争对手展现你的专业水准。他们会从你这里认识到主动管理所有类型的不确定性（包括正面的）的价值。

及时看到和分享已产生的利益，有利于鼓励风险抑郁症患者向同行和同事们学习，迈向一个更加光明的世界。在那里，有些风险是有益的，风险管理能够被用于识别和利用机会，目标可以更加一致和彻底地实现。

风险抑郁症患者知道，消极心态使他们过分关注可能出错的事情，使他们没有能力主动识别和管理积极风险。许多患风险抑郁症的个人、团队和组织其实也并不相信世界就像看上去那么坏，他们知道一定还有更好的做事方法，也知道黑暗中隐藏着光明——如果自己能够看见的话。

如果不加治疗，风险抑郁症会导致项目和业务最终失败。幸运的是，风险抑郁症很容易治疗。首先要改变看问题的角度，认识到还有正面风险的存在。然后，要采取实际行动，主动识别并管理机会。最好采用整合性风险管理方法，同时识别并管理机会和威胁。投入时间和精力去发现和利用积极风险，可以把更多的机会转变成利益，从而能够激励员工，最大化实现目标的可能性。

第 4 章

风险认知混乱症

“风险认知混乱症”是混淆风险和那些并不是风险的事情，并用处理风险的思想和行动去处理这些事情。

风险管理必须管理风险，这是不言自明的。一个基本的前提条件是在风险识别中识别出真正的风险。然而，在风险管理过程中的一个最常见错误，是识别出那些并不是风险的事情。显然，如果在风险识别阶段出错，那么后面的步骤将注定失败，风险管理也注定无效。因此，确保风险识别只针对风险，是非常重要的。

4.1　诊断和症状

风险认知混乱症的症状是很明显的。患风险认知混乱症的个人、团队或组织在讨论、记录或报告风险时，都会把非风险考虑进去，特别是在风险登记册中。风险登记册是用于记录与风险有关的信息的统一格式。如果在风险登记册中列进了一些不符合公认的风险定义的事项，那就意味着发生了风险认知混乱症。

所有真正的风险都有两个显著的特征，可以据此对风险登记册中的每一个事项进行检验。首先，风险具有不确定性。风险是尚未出现的、潜在的未来事件、环境或条件。实际上，它们也许永远都不会出现。这就是它们与过去已经发生或当前存在的事情的不同之处。人们可以分析和测量过去与现在已发生的事情，但只能想象或估计未来可能发生的事情。在任何一种风险管理方法中，风险都是具有不确定性的未来事情。

其次，风险具有重要性。风险一旦发生，一定会产生某种影响，使事物变得有所不同。从风险的定义来讲，不可能存在没有影响的风险。虽然不同类型的风险管理会关注不同种类的影响，但是大家都公认风险一定会对某种事物产生影响。这是因为风险总是与目标紧密相连的。无论目标是要实现良好的公司治理、项目成功还是企业生存，风险管理都旨在识别并管理万一发生会影响目标的未来可能事件或条件。

“不确定性”和“重要性”这两个特征，决定了风险是“重要的不确定性”。主要的风险管理标准和指南都用这个最初的风险定义作为讨论风险的基础，如表 4-1 所示。在这些标准中，对“不确定性”这个维度，要么明确地加以指出，要么用“概率”、“机会”或“可能”等词语加以暗示。对于“重要性”这个维度，则用“实现目标”或“对目标产生影响”等词语来说明。风险的不确定性和重要性，就是两个用于检验风险登记册中的事项的试金石。任何一个事项，如果并非不确定的，那么就不是风险；如果不重要，那么也不是风险。

表 4-1 “风险”的定义

定义的出处	不确定性	重要性
《PMBOK®指南》（项目管理协会，2013）	“不确定性事件或条件……”	“……一旦发生将对项目目标产生积极或消极的影响”
《风险管理标准》（风险管理协会，2002）	“事件的概率……”	“……和结果的组合”
《APM 知识体系》（英国项目管理协会，2012）	“不确定性事件或环境……”	“……一旦发生，将对一个或多个项目目标的实现产生影响”
《英国标准 BS 6079-3:2000，业务相关的项目风险管理》（英国标准协会，2000）	“计划固有的不确定性和事件发生的可能性（即意外事件）……”	“……会对实现业务或项目目标的前景产生影响”
《英国标准 BS EN 62198:2013 项目风险管理——应用指南》（英国标准协会，2013）	“不确定性……”	“……对目标的影响”
ISO31000：2009《风险管理：原则和指南》（国际标准化组织，2009） 《ISO 指南 73:2009“风险管理——术语”》（国际标准化组织，2009）	“不确定性……”	“……对目标的影响”

续表

定义的出处	不确定性	重要性
《风险管理（M_o_R）：实践者指南》（英国政府商务办公室，2010）	“一个或一些不确定性事件……” “风险是想象中的威胁或机会的概率……”	“……一旦发生将对目标的实现产生影响” “……以及对目标的影响程度的综合”
《项目风险分析和管理（RAMP）》（英国土木工程师协会等，2005）	“一个可能的事件……”	“……对投资目标的完成有积极或消极的影响”

4.1.1　包含非风险

由于风险认知上的混乱，很容易把几种非风险与风险混淆在一起。在风险登记册中最常出现的非风险是“问题”或“难题”。例如，“与客户代表的关系紧张”“分包商已经错过了一个重要的交付日期”“我们没有类似的工作经验”。问题和难题显然都不是风险，因为它们不能通过不确定性检测。它们都有 100%的可能性。而且，它们都存在于当前，并不是像风险那样的未来可能事件或条件。当然，必须对问题和难题进行处理与管理。虽然问题和难题都可能引发后续的风险，但是它们本身并不是风险。

“约束条件”或“要求”也很容易被误作风险。例如，项目团队可能在风险登记册中列入“项目进度计划非常紧张”“客户坚持多层级的审批”“我们依赖单一的供应商来提供这个重要部件”。从这些描述中可以看出，约束条件和要求类似于问题和难题，因为它们都是必须处理的确定性事情。不能仅仅因为要求具有挑战性，或约束条件难以实现，就把它们看作风险。

4.1.2 含糊不清的风险描述

风险认知混乱症的第二个明显症状是：风险登记册和风险报告中的风险描述含糊不清。如果阅读这些文件之后，读者仍然搞不清真正的风险是什么，或者，对风险的性质或结果持有疑问，那么这些文件的编写者就可能患有某种程度的风险认知混乱症。

识别、记录和报告风险，目的在于让人们能够对风险有足够的认识，以便合理有效地管理风险。因此，需要准确地描述风险的性质，以确保人们的正确理解，支持人们采取合理行动。风险认知混乱症患者在描述风险时，经常误把风险的“原因”或“后果”当作风险本身。

原因是引发不确定性的确定事件或环境。例如，必须在发展中国家工作，需要使用一种尚不成熟的新技术，缺乏熟练员工。原因是存在于当前的事实，它们本身并不是不确定的。因此，它们并不是风险管理过程的关注重点（虽然了解风险的原因也是有益的）。

后果是因风险发生而导致的对目标的正向或负向偏离。例如，里程碑提前实现，成本超支，未能达成合同规定的绩效目标。后果是除非风险发生，否则不会出现的、未经计划的意外事件。因为影响还不存在且可能永不出现，所以无法通过风险管理过程对它们进行直接管理（虽然也许可以提前做好准备）。

混淆原因、风险和后果，是风险认知混乱症的主要症状。要预防风险认知混乱症，就必须清楚地区分原因、风险和后果，如图 4-1 所示。

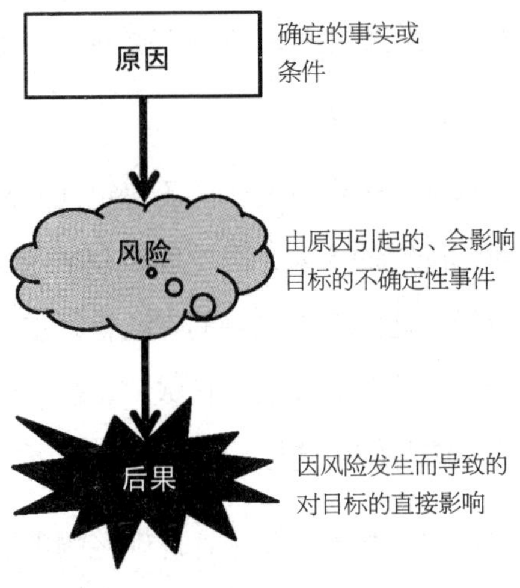

图 4-1　原因、风险和后果

4.2　预后和影响

风险认知混乱症会对项目或组织造成许多消极的影响。

4.2.1　低效的风险管理

风险认知混乱症的主要后果是稀释了组织或项目团队的风险管理过程。在风险登记册中包含非风险，就分散了本该用于真正风险的时间和精力。

风险认知混乱症也会分散那些负责实施风险过程者的注意力，从而降低风险过程的效力。问题、难题、约束条件和要求，当然都是应该加以关注，并用结构化方法加以管理的。当它们与风险争夺有限的注意力或时间时，人们会优先处理那些正在发生且对当前有影响的事情，这是毫不奇怪的。

风险过程专用于处理那些还没有发生的不确定性未来事件或情况。人们应该用这些过程应对不确定的未来，以发现潜在的威胁和机会，并创造管理空间，预留思考时间，建立起以周到的方式进行主动应对的能力。目的在于在它们发生以前，设法避免或最小化威胁，抓住或最大化机会。风险过程的重要作用是降低威胁的可能性，提高机会的可能性。

风险管理是面向未来的，并不能用来处理现在的事情。基于概率和影响的定性风险评估技术，不能用于评估概率为100%的确定性事件。如果在风险优先级排序框架中包含了事实和确定性事件，那么它们总会被排在最前面，从而极大地降低了风险本应受到的关注。采取风险应对措施，就是要通过提前改变风险的发生概率和潜在后果去影响未来。风险应对措施对于已经产生后果的非风险是不起作用的。

4.2.2 受损的风险管理声誉

在风险过程中包含非风险，会导致远比使风险过程低效更严重的后果。它还会严重损害组织中的风险管理的声誉。因为风险过程并非为处理非风险而设的，所以不可能成功地解决困难、问题或难题，也不可能成功地处理不良的约束条件或要求。这样，就会导致人们认为风险管理已经失败。在风险管理并不成熟的组织中，经常可以听到这样的说法，“我们已经尝试了风险管理，但它不起作用。”对这些组织进行更仔细的分析，可以发现它们的风险管理其实是针对非风险的。

在风险过程中包含非风险，会导致风险管理的低效，使人们认为风险管理不起作用，致使管理层和团队不愿意花时间做风险管理。风险认知混乱症的后果是严重的：不能合理地管理风险。

4.3　案　　例

通过审阅组织的风险登记册，能够发现一些很明显的风险认知混乱症案例。虽然正式和结构化的风险管理方法已经在全球许多行业中应用了数十年，但是在一个典型的风险登记册中，通常还是会包括各约一半的真正风险和非风险。

4.3.1　伦敦医院的企业风险登记册

英国某家大型医院的企业风险登记册总共有 29 个条目，其中竟然没有一个是真正的风险！每个条目都是事实、约束条件、问题、要求，或某种潜在后果。例如：

- 缺乏适当的特级护理能力（后果）。
- 经理们不能对预约代理机构人员维持良好的财务控制（问题）。所指定的当地临时代理机构（事实）没有得到有效的控制（问题）。
- 对于医院运营，我们没有足够的领导力和能力，去实施主要变革（事实）。
- 我们必须保证急诊科 98%的患者都在 4 小时内住院或出院（要求）。
- 患者档案的可得性和准确性存在问题（后果）。

4.3.2 电信公司的项目风险登记册

某大型电信公司为一个重要的战略项目识别出了十大风险。其中既包括可能引发风险的事实，如“我们严重地依赖 ABC 部件的按时交付”；也包括真正的风险，如“已分配的资源可能会重新分配给更重要的项目”；还包括含有多种要素的详细说明，如“由于在项目开始时尚无完整的工作说明（原因），在详细设计时可能发现需要开展一些额外的工作（风险）”“开发团队也许不能按照进度计划中的顺序开展工作（风险）。这会导致交付的日期和质量不可预知（后果）”。有些风险描述则包含了原因、风险和后果这三个全部要素，如“由于需要建造大量的建筑物（原因），测试周期可能比计划的更长（风险），从而需要更多的时间和资源（后果）”。

可以看出，这家公司并不知道项目所面临的真正风险是什么，也不知道应该如何采取行动去管理项目风险。

4.4 治 疗 方 案

治疗风险认知混乱症，必须确保风险被准确识别和正确描述。治疗方法分为两大类，预防性治疗和纠正性治疗。显然，预防性治疗是更可取的。如果尽早进行主动预防，可以防止发生风险认知混乱症。不过，对于已经患风险认知混乱症的人，只能用纠正性治疗改变他们对风险的错误认知。

4.4.1 预防性治疗

预防风险认知混乱症，需要两个措施，即培养清楚区分风险和非风险的能力，采用毫不含糊的风险描述方法。

1. 清楚地区分风险和非风险

只有识别出真正的风险，才能开展有效的风险管理。可以把风险是“重要的不确定性”这个初始定义，扩展为更加正式的定义：“风险是一旦发生，会对一个或多个目标的实现产生积极或消极影响的不确定性。”

治疗风险认知混乱症的第一个方法，是确保参与风险管理的每一个人都能够清晰地理解和表达风险的概念。这就要求对组织所有层级的员工进行培训，确保他们对风险有正确理解，并一贯正确使用“风险”这个术语。

开设正式的培训课程，当然有利于建立大家对风险概念的共识，有利于宣传对风险的明确定义。但是，千万不要简单地指望员工只要参加了课堂学习，便可以正确地理解并有效地管理风险。要监督培训内容在工作中的应用情况，确保这些内容的实际有效应用。要指定风险过程责任人，由他充当风险过程的守护者，并审查风险登记册和风险报告，检查人们对风险的理解和描述是否正确，从而提出必要的纠正意见。

治疗风险认知混乱症的第二个方法，是明确定义风险不是什么。正如前文所述，很容易把风险和问题混淆起来。简单来讲，风险是重要的不确定性，而问题是重要的确定性。风险的可能性大于 0 小于 100%，而问题有 100%的可能性。由于具有不同的可能性，风险和问题需要被不同地对待。管理风险是要在可能的情况下，提前采取主动行动，来规避或预防威胁，抓住或利用机会。对于问题，则不可能用这种方法加以管理。问题都是已经发生或将来必然发生的，所以没有机会进行预防性应对。

尽管风险和问题是不同的，但它们也可以互为因果关系，如图 4-2

所示。

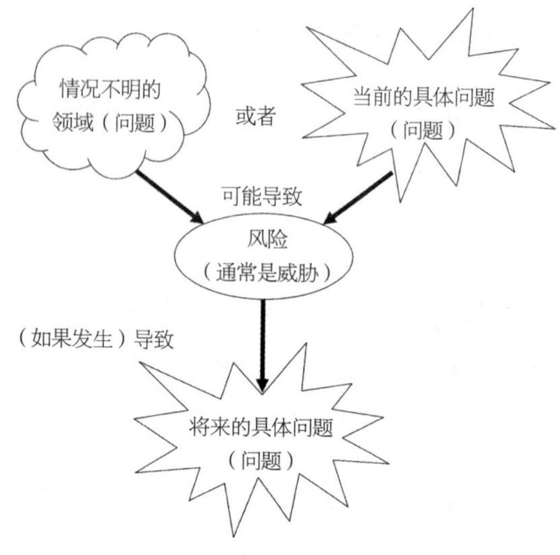

图 4-2 风险和问题之间的关系

（1）问题引发风险。虽然问题本身并不是不确定的，但是它可能引发某种不确定性。例如，业主否决了承包商对某个关键岗位的提名人选。这是一个当前客观存在的问题，必须加以解决。这个问题可能继而引发一个新的风险，即承包商也许不能够在不延误合同的情况下找到合格的替代人选。

（2）风险引发问题。消极风险或威胁的发生，会对一个或多个目标的实现产生不利影响，如工期延误或预算超支。一旦这种影响出现，它就成了一个必须被关注的问题。

既然问题并非风险，那么就不应该用风险过程加以管理。然而，因为人们知道问题必须解决，且没有其他办法确保问题得到解决，所以人们经常有意地把问题放入风险管理过程中。把问题列入了风险登记册，人们便能够看见并关注问题。虽然这也许有利于问题的解决，但是它稀释了风险管理过程。在分配稀缺资源或注意力时，那些客观存在的问题将会占据比也许永不发生的风险更优先的位置。

应该在风险过程之外，单独制定用于管理问题的过程，用于解决存在的问题。在项目管理中，我们提倡使用"问题日志"记录问题，并用结构化的问题管理过程确保对问题的理解、评估、排序和解决。也可以使用"问题登记册"和问题解决过程达到同样的目的。专门为问题管理和解决建立强大可靠的过程，能够确保风险过程专用于其本来的目的：管理风险。

2. 毫不含糊地描述风险

在风险识别中的另一个常见挑战，是避免混淆风险原因、真正的风险和风险后果。如果错误地把问题、难题、约束条件或要求都当作风险，那么便给风险管理带来了很大困难。事实上，所有这四者都可能引发风险，虽然它们本身并不是风险（因为它们不具有不确定性）。

我们怎么才能够明确地把风险与其原因、后果区分开来呢？使用风险超语言是一种有效的方法。风险超语言是以下三段式结构化风险描述：

由于（一个或多个确定的原因），（不确定性）可能会出现，从而导致（一个或多个对目标的影响）。

表 4-2 提供了一些使用风险超语言的风险描述实例，包括威胁和机会。使用风险超语言应该能够确保在风险识别过程中识别出有别于原因或后果的真正风险。

表 4-2 使用风险超语言的风险描述实例

原因（确定的事实或条件）	风险（不确定的事件或情况）	后果（对目标的直接影响）
由于使用了新的硬件……	……意外的系统整合错误可能会出现……	……从而导致项目超支或延误
因为我们的组织以前没有做过这样的项目……	……我们可能会误解客户的要求……	……从而导致解决方案不符合验收标准
既然我们已经决定把生产外包……	……我们也许能够从选定的外包商那里学习新的做法……	……从而导致生产率和利润率的提高
因为我们没有使用这项技术的经验……	……在设计阶段我们可能产生大量的错误……	……从而导致测试期延长和交付延迟
这个项目计划在今年夏天实施……	……因此我们也许能够聘用额外的熟练临时人员……	……从而导致该时期所有活动的时间节约
因为还有其他 3 个项目也在同一时期开展……	……我们也许能够调用从其他项目上空闲下来的熟练员工……	……从而导致向客户提前交付

4.4.2 纠正性治疗

对风险认知混乱症的纠正性治疗，需要采取两种措施。它们都针对不准确或不正确的风险登记册，需要使用风险超语言作为有价值的框架。

1. 改变风险登记册的内容

风险认知混乱症患者所制定的风险登记册，会把原因、风险和后果混合在一起。我们首先就要对这个风险登记册中的每一个条目进行分析，区分出原因、风险和后果。用前文曾提及的某电信公司的风险登记册做例子，表 4-3 对其中的每一个条目进行了分析和区分。做了区分之后，依次考察每一个原因和每一个后果，确定它们是与哪一个风险相连的。这种考察应该基于图 4-1 所示的原因–风险–后果结构。从图 4-1 中，可以看出，原因引发可能发生或不发生的风险，风险一旦发生则导致后果。

表 4-3　从所谓的“风险”中区分出原因、风险和后果

现有硬件的速度不足以支持测试（原因），这意味着在新硬件投入使用之前，我们也许不能进行性能测试（风险）
供应商已经识别出一些可用性问题并准备提出变更申请（原因）
由于在项目开始时尚无完整的工作说明（原因），在详细设计时可能发现需要开展一些额外的工作（风险）
团队没有 XYZ 功能的设计文件（原因）。因此，存在架构可能不支持所要求的功能的风险（风险），从而导致需求得不到满足或存在大量缺陷（后果）
开发团队也许不能按照进度计划中的顺序开展工作（风险），这会导致交付的日期和质量不可预知（后果）
一个承包商在第 36 周撤离，另一个承包商在第 37 周加入（原因）。应急储备未能覆盖这个不可避免的中断（原因）
由于需要建造大量的建筑物（原因），测试周期可能比计划的更长（风险），从而需要更多的时间和资源（后果）
已分配的资源可能会重新分配给更重要的项目（风险）
我们要修改其中一个最复杂的部件（原因），没有时间进行这些修改（原因）
我们严重地依赖 ABC 部件的按时交付（原因）

根据原因、风险和后果之间本应有的逻辑关系，我们可以很容易地从原因追查风险，或者从后果追查风险，如图 4-3 所示。如果风险登记册中记录了某个原因，那么就需要追问：

- 然后又会怎样？
- 我们为什么关心这个原因？
- 这个事实或情形将会引发什么好事或坏事？

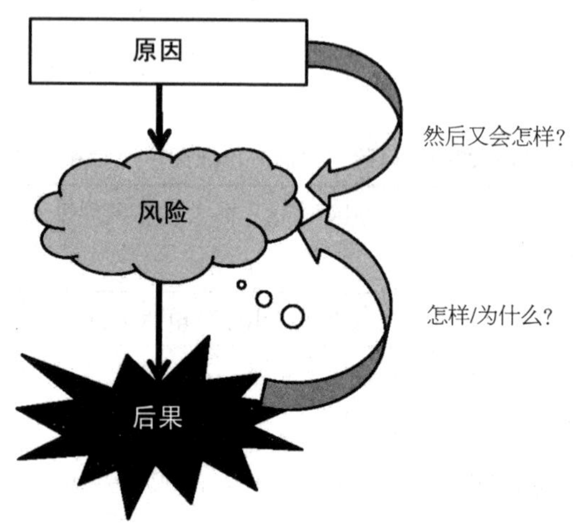

图 4-3　从原因或后果追查风险

当然，如果问了“然后又会怎样”，却没有答案，那么这个事实就只是一个事实，而不是引发风险的原因。它可能是一个难题或问题，应该用难题或问题管理过程加以解决。它也可能是一个无法改变的要求或作为环境的一部分的约束条件。如果问了“然后又会怎样”之后，得知了一个重要的不确定性事件，那么我们就找出了原因和风险之间的关系。

类似地，如果在风险登记册中记录了后果，我们可以用以下问题去追查导致该后果的风险：

- 这个后果是怎样发生的？
- 为什么会发生这个后果？
- 只有发生哪些计划或预料之外的事件或情况才会导致这个后果？

如果问了“怎样/为什么”，却没有答案，那么这个明显的后果只是一种不合理的担忧或担心。如果我们能够设想出后果产生的途径，那么也就找出了风险和后果之间的关系。

图 4-3 显示了原因、风险和后果之间最简单的关系，即一个原因引发一个风险，一个风险导致一个后果。事实上，原因、风险和后果之间的关系是很复杂的，更像一个网络图而非简单的三步线性图。不过，原因、风险和后果之间的关系的本质总是不变的。只要看到了一个原因，就一定要问“然后又会怎样”，以便向前找出相应的风险，并把它记入风险登记册。同样地，只要想到了后果，就一定要问“怎样/为什么”，以便向后找到应被记录的风险。

这个纠正性治疗措施，能够在第一时间阻止个人和团队错误地识别和记录风险。最好在风险识别研讨会或访谈中，由一位熟练的引导员指导大家完成这种纠正性治疗。一旦有人提出了一个非风险，引导员要立即追问“然后又会怎样”或“怎样/为什么”，引导大家把这个非风险立即转变成一个适合记录的真正风险。

2. 修改风险登记册的结构

纠正性治疗的第二种措施，是要修改风险登记册的结构，迫使人们对风险进行准确记录。采取这种治疗措施的前提是，承认风险认知混乱症的最常见症状，是不能区分原因、风险和后果。为了进行有效的风险描述，可以按照风险超语言的三段式要求，对风险登记册的标准格式进行修改，要求使用单独的短语分别描述原因、风险和后果。然后，可以如表 4-2 所示的那样，把原因、风险和后果分别填入相应区域。这样，既有利于重点关注真正的风险，又有利于同时留意引发风险的原因和风险发生导致的后果。

> 有效的风险识别是成功的风险管理所必需的先决条件。必须清楚地知道风险是什么和不是什么。必须用清晰的定义去区分风险和非风险，同时运用风险超语言去区分原因、风险和后果，确保在风险识别中只识别出真正的风险，为后续的风险管理工作奠定可靠的基础。只有这样，我们才能够避免风险认知混乱症，确保风险管理过程只针对那些会影响项目和业务的真正的不确定性事件。

第 5 章

风险精神分裂症

“风险精神分裂症”会严重影响人们看世界的方式，使人们对风险的看法飘忽不定，从一个极端走向另一个极端。患者要么强烈厌恶风险，不惜任何代价规避风险；要么极度追求风险，承担超出自己能力的风险。这两个极端都是不正确的，导致要么冒太少的风险，要么冒太多的风险。

风险精神分裂症患者对风险的具体态度，则取决于他们在特定时间的情绪。在情绪低落时，他们会极端规避风险，没兴趣采取任何哪怕只有很小风险的行动；在情绪高涨时，他们会极端冒险，亢奋地采取过分冒险的行动。

风险精神分裂症不同于正常的情绪波动。在正常的情绪波动中，人们会较长时间处于某种极端情绪。事实上，精神分裂症患者往往不能把某种情绪维持一段正常的时间。

5.1 诊断和症状

要正确认识风险精神分裂症，就要首先认识个人或小组可能采取的风险态度。风险态度可以定义为“个人或小组根据自己对风险的认知，对特定风险情况所采取的主观反应”。[①]

风险态度是以极端风险规避和极端风险追求为两极的一个连续变量。图 5-1 显示了风险态度的可能区间。

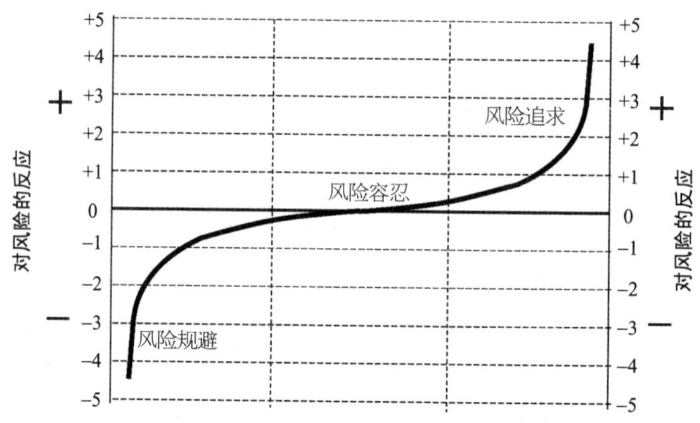

图 5-1　风险态度的可能区间

① Hillson D , Murray-Webster R. Understanding and Managing Risk Attitude [M]. 2nd ed. Aldershot, UK: Gower, 2007.

通常，可以把整个区间划分为三个区域：

- 风险规避——对不确定性感到不舒服，试图避免或降低威胁，试图利用机会消除不确定性；对不确定的结果感到不舒服。
- 风险容忍——容忍不确定性，不太愿意采取措施应对威胁或机会，能够容忍不确定的结果。
- 风险追求——对不确定性感到舒服，不太愿意规避或降低威胁，不太愿意利用机会消除不确定性，欢迎不确定的结果。

即便个人有某种明显的风险态度倾向，也会针对不同的风险情况而采取不同的风险态度。这是正常的。对于小组，情况也会如此。小组成员会针对所面临的风险采取某种特定的风险态度。通常，个人和小组在面对特定风险情况时，都会有意选择某种不同于平时的风险态度。

风险精神分裂症患者则没有能力在可能的正常风险态度区间内有意地做出理性选择。他们会毫无理由地飘向一个极端或另一个极端，要么强烈地规避风险，要么过度地追求风险。

采取极端的风险态度会导致人们过于保守或过于激进，从而严重影响人们在既定风险情形下实现目标的能力。过于保守，会阻碍创造或革新，把人们束缚于那些成熟的方法，使人们因害怕失败而不愿意尝试任何新方法。过于激进，则会使人们超越自己的管理能力冒太多的风险，从而可能导致灾难性后果。

患风险精神分裂症的个人或组织，会有如下症状：

- 极端的风险态度。
- 情绪变化莫测。

- 没有正式定义的风险临界值。

5.1.1 极端的风险态度

患风险精神分裂症的个人和小组，会用起伏很大的态度看待风险敞口。他们会采取以下两种极端态度，对风险做出过度的反应（见图 5-2）：

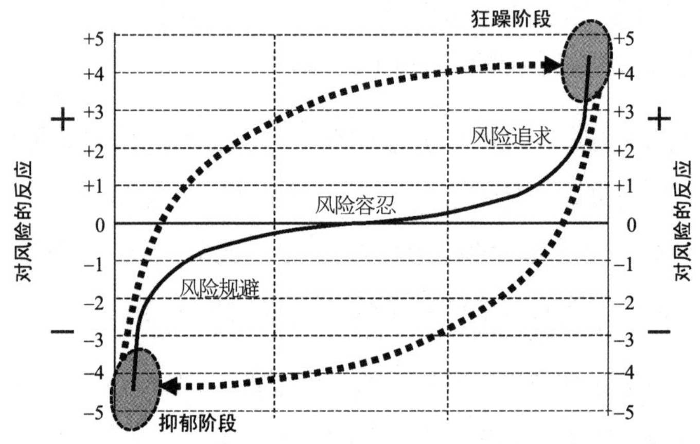

图 5-2 风险精神分裂症的情绪波动

- 过分谨慎。基本或完全不冒风险，即极度地规避风险。这是处于“抑郁”期。有些人称之为“风险厌恶狂”。
- 胆大妄为。超出风险管理能力冒太多风险，即极度地追求风险。这是处于“狂躁”期。他们完全不考虑对风险放任自流的潜在后果。有些人称之为“风险嗜好狂”。

5.1.2 情绪变化莫测

患者对风险的反应会在极端风险规避和极端风险追求之间快速地从一

个极端跳向另一个极端，如图 5-2 所示。这种跳跃式变化经常是由外部事件所驱使的。虽然这种外部事件与个人或组织实际面临的风险敞口没有直接关系，但是患者据此改变了自己对风险的反应。因为并未有意识地监督风险敞口，所以患者对风险的反应方式并不一定能反映风险的实际严重性。风险敞口本应是影响风险应对决策的重要因素。

与风险精神分裂症患者一起工作，你会感到很迷惑和沮丧。由于他们经常在两个极端之间变化莫测，你就无法预测他们将处于抑郁期还是狂躁期。在面临风险的关键时刻，他们往往没有能力做出明确决策。他们如何做决策，取决于他们正处于精神分裂症的哪个时期。

5.1.3　没有正式定义的风险临界值

因为风险精神分裂症患者对风险的应对行动不是基于事先确定的风险临界值，所以是不可预测的。他们不会事先确定风险临界值，以此作为评判应该如何应对风险的基础。如果不能搞清楚“多大的风险是太大的风险”，那么就不可能判断我们正在冒的风险究竟是太大或太小。风险精神分裂症患者根本不关心这个问题，因为他们的风险态度取决于外部事件，而与实际面临的风险大小无关。

5.2　预后和影响

在个人生活、项目和业务中，我们都会遇到需要冒险的重要事情。要在生活、项目和业务中取得成功，我们必须能够安全地冒正确的风险。这听起来容易，但做起来并不容易。哪些才是我们应该冒的“正确的风险”？我们怎么知道所用的冒险方式是“安全”的？我们怎么能够确信自己有能力管理好所冒的风险？

大多数人都已经有针对这些问题的策略，都能够合理处置在各种环境中所遇到的风险。然而，风险精神分裂症患者却不能完成在大多数人看似很简单的任务。他们总是在这两者之间飘忽不定：要么冒太多的风险，遭受过于严重的后果；要么冒太少的风险，缺乏挑战、创新和成长。

5.2.1 不良的决策

导致精神分裂症患者不能合理应对风险的根本原因，是他们往往只能做出不良决策。通常，他们只是简单地对所面临的情形做出被动反应，在不经理性思考的情况下跳向风险规避或风险追求，其决策往往是无效且易变的。

平时，这可能并不要紧。但是，当需要对有风险的重要事情进行决策时，这就很要紧了。实际上，只有这些决策才是真正起决定作用的。对于有风险的重要事情，做决策时必须认真分析。万一决策错误，就会陷于困境，即要么受困于那些本来能够和应该避免的问题，要么失去那些本来能够和应该获得的利益与价值。正是在有风险的重要关口，风险精神分裂症是最有害的。

5.2.2 不适当的冒险

风险精神分裂症患者的不良决策又导致不适当的冒险。有时，他们会受抑郁期的风险规避情绪影响而过分小心谨慎。这导致他们不敢冒险，喜欢用不冒任何风险来保护自己。不冒险，听起来像是好事；但是会导致失去相应的积极风险（机会）。管理机会，有助于我们节约时间和金钱，鼓励创新和创造，从而使我们能够更快速、更聪明和更经济地开展工作。我们都知道风险是与回报相关联的，不冒任何风险会严重影响可以获得的回报。

不愿意冒险，也会导致人们否认真实威胁的存在，让他们相信自己并没有处于风险之中。在这种情况下，他们也就不能采取措施去处理严重的威胁，从而使他们面临比本来更大的威胁。

有时，他们又受狂躁期的风险追求情绪影响而过于鲁莽。他们不考虑自己能否有效管理风险，或万一风险发生自己能否生存，就鲁莽地冒险。因此，他们会遭遇太多难以解决的重大问题。实际上，即便冒太多的积极风险，也是有问题的。这会分散他们的精力和注意力，使他们无暇顾及其他重要的工作，从而导致对整个项目的负面影响。

在抑郁期和狂躁期的不适当冒险都是有问题的。无论因不冒险而失去可能的机会，还是因太冒险而遭受太多的威胁，都会导致不必要的问题和无的放矢式的努力。

5.2.3　紧张不安的干系人

风险精神分裂症的另一个重要结果是，它会对患者周围的人产生不良影响。由于不清楚患者会如何应对某种特定的情形，周围的干系人就会感到紧张不安，特别是如果该情形是有风险且重要的。老板会要求我停止消极并放手前行，还是会批评我在没有分析每种可能结果的情况下就尝试新方法？如果我让团队成员去调查难题解决方案，她会提交给我一份不现实的白日梦清单，还是会告诉我没有任何备选方案？没有人愿意紧张不安，但是面对风险精神分裂症患者，干系人就会不可避免地紧张不安。

5.3 案例

当组织突然在一种和另一种极端状态之间跳动时，你可以判断它患有风险精神分裂症。如果某人在股票市场的行为极其不稳定，你也可以判断他患有风险精神分裂症。

5.3.1 预防原则：风险精神分裂症的抑郁期

我们可以在所谓的“预防原则”中看到极端的风险规避，例如这个流行的说法“宁求安全、不留遗憾”。这个原则影响了许多领域，包括政府政策、健康和安全立法、环境标准、商业法规、儿童保护，乃至育儿指南。

根据预防原则，只要存在会导致不可逆严重伤害的威胁，且没有切实证据表明伤害不会发生，我们就应该采取保护行动。然后，我们就会决定采取措施，保护公众或环境免受可能的严重伤害。

社会大众对转基因食品、移动电话和纳米技术的未经证实危险的反应，就是这方面的例子。有些人认为我们过于关注健康和安全领域，以至于制定了太多的法规来保护人们免受各种“日常危害”。

在项目和组织中，管理团队可能因过于小心而采取“以防万一”的安全政策，导致对风险不必要的过度反应，对宝贵时间和资源的浪费。这些时间和资源本有更好的用途。然后，一旦什么事都没有发生，所担心的所有风险都没有出现，人们就会说风险管理只不过是对虚无的事情的大惊小怪。

5.3.2　金融危机前的银行业：风险精神分裂症的狂躁期

在 2008—2009 年全球金融危机之前的几年里，银行业和相关金融服务业表现出了极端的风险追求行为。在贪婪、天真和短视的多重作用下，个人和组织为了追求短期回报，接受了越来越高的风险敞口。这种行为一直持续到危机爆发。在危机爆发前夕，风险已经积累到了难以置信的程度。后来的结果，大家都看见了。

个人和组织对快速回报的追求，以及对复杂金融系统缺乏全面的了解，导致风险不断积累，并最终导致金融危机的爆发。各种金融工具和资产抵押贷款安排，如担保债务凭证和信贷违约互换，都鼓励投资者提高风险敞口。投资者甚至不必考虑自己所冒风险究竟是什么。信贷政策的宽松和次级抵押贷款的繁荣，导致了个人的债务水平大大超出所能承受的程度。用“狂躁”这个词，都不足以描述当时的行为。

5.4　治疗方案

应该采用一系列措施治疗个人和组织的风险精神分裂症。最重要的是，让他们意识到病根在于自己没有能力采取合理的风险态度。治疗的目标是，让他们能够更好地掌控自己的情绪，能够理性地选择合理的风险态度。以下这些措施联合构成了一份治疗计划：

- 提高自我意识。
- 进行自我监督和纠正。
- 明确定义风险临界值。
- 获得专家的支持。

5.4.1 提高自我意识

要从风险精神分裂症康复，个人或组织首先就要建立强烈的自我意识，从而有效掌控自己的情绪。

个人可以借助心理或个性测试工具来了解自己的优点和缺点，从而提高自己的自我意识。在许多流行的测试工具中，都有与风险偏好相关的内容。“风险类型罗盘”就是一个著名的测试工具（见图 5-3）。在这个罗盘中，有 8 种不同的风险偏好，也就是“风险类型”。每种风险类型都是基于对“个人冒险的倾向”和“个人纠正偏差的能力”的评估而得出的。处于不同类型的个人会有不同的优点和缺点，会采取不同的方法应对相关风险，如财务风险、社会风险、健康和安全风险、道德风险和娱乐风险。

虽然这些工具有助于个人了解自己的风险偏好，但是又不能仅依靠这些工具。还应该收集来自其他人的反馈，特别是 360 度反馈，建立对自己的更全面且有效的认识。

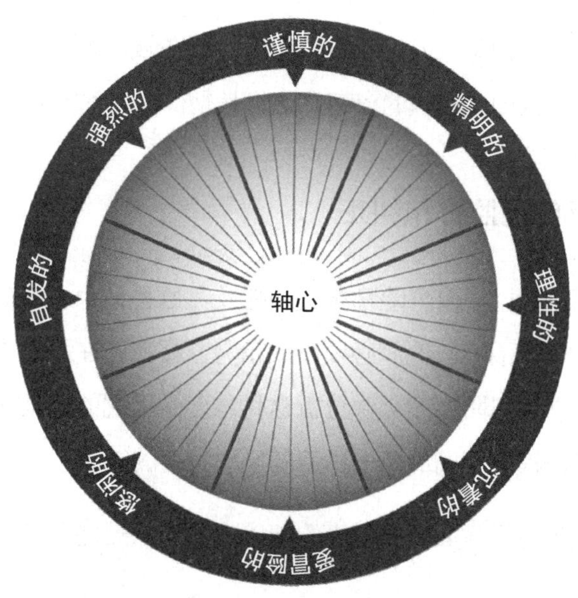

图 5-3　风险类型罗盘

来源：风险类型罗盘是 PCL 公司的知识产权，www.psychological-consutancy.com/risk-type-compass，经许可使用。

自我意识并不局限于个人。小组和组织也应该了解成员所共有的集体心态。在各种潜意识的影响下，组织会形成应对风险的习惯性方法，包括群体思维和符合文化的方法。这些看不见的因素会对决策制定和冒险行动产生显著影响，特别是在面临风险的重要关口。因此，组织必须设法搞清楚自己的正常和习惯性冒险行为模式，并分析这种模式的合理性。

组织应该在战略规划研讨会上，审查过去的行为和业绩，总结经验教训，分析自己的正常行为模式。同个人一样，组织也应该收集外部其他人的反馈意见，对自我评价进行补充，确保组织自我意识的有效性和准确性。

个人和组织应该首先承认自己患有风险精神分裂症，然后才能采取后续步骤进一步治疗。自我评价和其他人的反馈意见，能够揭示个人或组织的极端风险态度，使个人或组织看到自己如何在强烈风险规避和过度冒险之间快速跳动。认识到疾病的存在，这只是整个治疗计划的开始。

5.4.2 进行自我监督和纠正

一旦意识到自己患有风险精神分裂症及其危害，个人或组织就应当采取进一步行动进行治疗。他们必须投入精力监督自己在面临风险的重要关口所采取的习惯性风险态度，并分析这种态度是极端的还是适当的。他们也必须培养自己根据不同情况选择不同风险态度的能力。

应该从以下几个方面提高自己的情感修养，从而提高自我管理能力：

- 目的性—自我控制、抵抗诱惑或即时满足、考虑替代方案和谨慎选择的能力。
- 恢复力—从挫折中恢复、爬起来重新开始的能力，有时被称作“回弹能力”。
- 表达能力—使用合理的语言，以不带偏见和非胁迫的方式，讲述备选方案。
- 乐观主义—从挑战中看到积极结果的能力。
- 克制—管理驱动力和冲动的能力，尤其当伴有强烈情绪时。
- 魄力—集中精力去实现期望的积极结果的能力。

一旦发现自己因风险精神分裂症而采取了某种极端的风险态度，个人或组织就应该从上述几个方面入手来做出改变，从不适当的风险规避或追求转向更加合理的风险态度。

5.4.3 明确定义风险临界值

一旦认识到自己患有风险精神分裂症，并采取措施来监督和纠正自己的风险态度，个人或组织就能够改变不合理的冒险行为，确保冒适量的风险。不过，这意味着他们必须知道在某种情形下自己究竟应该冒多大的风险。那么，什么才是"适量的风险"呢？

这就需要了解个人或组织的风险胃口，以及由风险胃口转化而来的、针对具体目标的、可测量的风险临界值[①]。对于每个待实现的目标（无论是个人、项目或战略目标），都应该定义风险临界值，规定多大的风险才是太大的风险。风险临界值规定了管理风险的目标，以便个人或组织据此判断应不应该冒更多或更少的风险。

高级管理层应该负责确定和表达组织的风险胃口，并把它转化成各种风险临界值。风险临界值为评价冒险行为、确定所冒风险究竟是太多或太少提供了明确的依据。明确规定风险临界值，对治疗个人或组织的风险精神分裂症是必不可少的。

5.4.4 获得专家的支持

治疗风险精神分裂症的最后一个措施是，邀请外部专家对前述每个措施提供支持。可以用教练、指导或引导的方式提供支持：

- 外部专家可以提供结构化的、诚实的反馈意见，帮助个人或组织提

---

① Hillson D, Murray-Webster R. A Short Guide to Risk Appetite [M] . Aldershot, UK: Gower, 2012.

高自我意识。这如同为风险精神分裂症患者提供一面镜子，让他们更好地看清自己。

- 外部专家可以充当教练或导师，支持个人或组织进行自我修正。外部专家已经了解个人或组织面临的特殊挑战，且能够有针对性地提供指导和鼓励。
- 外部专家可以充当引导者，协助高级经理确定和表达组织的风险胃口，并量化成适用于整个组织的风险临界值。对于患风险精神分裂症的个人或团队，引导者可以与他们一起工作，根据所确定的风险临界值调整冒险行为。

因为风险精神分裂症主要是由感知方面的问题引起的，所以患者往往很难承认自己有这个疾病。他们很可能认为，极端的风险规避或追求都是完全自然的。因此，其他人的诚实反馈意见，对风险精神分裂症的有效治疗是必不可少的。

> 风险精神分裂症是有害的，它会导致不适当的冒险行为。在我们所处的这个不确定的世界中，无论在个人、项目或职业层面，冒险都是日常的需要。但是，冒太多的风险是有害的，会使所冒风险超出我们的管理能力或承受能力。冒太少的风险同样也是不好的，会使我们不能获得与冒险相关的回报。

第 6 章

风险肥胖症

由于不受控制的风险胃口，一个组织冒了太多的风险，也就导致了“风险肥胖症”。如果高级管理层所做的战略风险决策导致风险敞口超过了组织能够管理的范围，那么风险肥胖症会对整个组织的业务产生影响。风险肥胖症也会发生在项目上：一旦某个项目的风险程度太高，项目成功面临严重威胁，那么该项目就遭遇了风险肥胖症。

医学上的肥胖症是指一个人的身体脂肪积累到了过量的程度，以至于可能损害身体健康，可能导致寿命缩短。肥胖症提高了各种疾病发生的可能性，尤其是心脏病、Ⅱ型糖尿病、睡眠呼吸暂停、某些癌症和骨关节炎。

肥胖症往往是过量食物摄入、体力活动缺乏和遗传易感性等因素的综合作用所致。

身体肥胖症的每个特征都在风险肥胖症中有类似的表现。风险肥胖症是指组织或项目积累过量的风险敞口，以至于会损害组织或项目的健康，可能导致组织倒闭或项目的提前终止。风险肥胖症会导致风险敞口超出风险管理过程能够处理的水平，从而提高其他风险疾病发生的可能性。

风险肥胖症的病因主要是不受控制或不适当的风险胃口，导致人们承担了没有能力消化和处理的太多风险。在某些情况下，组织的 DNA 也可能使该组织更容易患风险肥胖症，因为其组织精神和文化鼓励人们超量冒险。

6.1　诊断和症状

由于很容易从一个人的外表来判断是否患有身体肥胖症，人们可能想当然地认为风险肥胖症也很容易发现。一个组织或项目的风险敞口太大，这当然是风险肥胖症的一个清晰指标。

然而，现实情况并非如此明确。对于组织或项目，多大的风险敞口才算是太大？这个问题看似很容易回答：如果所冒风险超过了组织或项目的处理能力，那么风险敞口就太大了。但是，要判断所冒风险是否超出了处理能力，就需要清楚地知道我们的风险能力（我们能够应付多少风险）和风险胃口（我们想冒多少风险），以及用于测量风险敞口（我们实际上正在冒多少风险）的可靠方法。

在整个组织层级，应该针对每个战略目标规定相应的风险临界值。这些风险临界值联合代表了组织的风险胃口。风险临界值规定了组织准备在主要的业务领域冒多大的风险。组织应该自上而下地贯彻对风险临界值的规定，并最终帮助单个项目和运营确定合理的风险临界值。

在项目层级，如果存在很多概率高和影响大的风险，那么风险敞口就太大了。这些风险都落在概率影响矩阵的高优先级区域，因此被称作“红色风险”。在这个矩阵中，使用“红黄绿”交通信号灯表示不同的优先级区域，如图 6-1 所示。

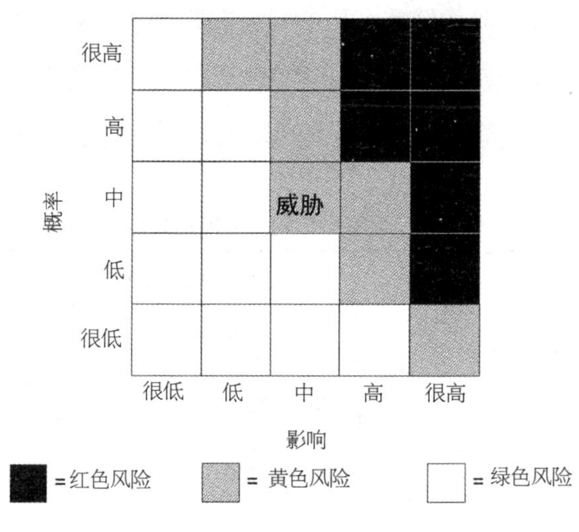

图 6-1　概率影响矩阵

概率影响矩阵可同时用于对威胁和机会进行优先级排序。用于威胁，可把“影响”解释为负面的；用于机会，可把“影响”解释为正面的。所以，一个具有“很高”影响的威胁是对目标有灾难性影响的威胁，而一个具有“很高”影响的机会则是特别有利于目标实现的机会。

什么才算是“冒了太大风险”

为了判断是否冒了太大风险，就需要搞清楚哪些风险处于概率影响矩阵的红色区域。在图 6-1 中，有多种不同的概率和影响组合对应于红色区域。因此，对于每个风险，我们只需要评价它发生的可能性，选择相应的某个刻度值（很高、高、中、低、很低）；再评价它发生后的潜在影响，选取相应的影响值。最后，在相应的栅格中标出各个风险，就可以看出每个风险究竟属于“红色”（高优先级）、“黄色”（中优先级）或绿色（低优先级）风险。

为了合理评价风险的概率和影响，就需要知道在某种特定风险情形或项目中，每个概率或影响刻度值究竟意味着什么。通常，在风险管理计划中规定这些刻度值的含义。表 6-1 是风险概率和影响刻度值定义示例。

表 6-1　概率和影响刻度值定义示例

刻度值	概率（%）	对目标的正面或负面影响		
		时间	成本	绩效
很高	71% ~ 99%	>6 个月	>500 万美元	对总体功能有非常显著的影响
高	51% ~ 70%	3 ~ 6 个月	100 万 ~ 500 万美元	对总体功能有显著影响
中	31% ~ 50%	1 ~ 3 个月	50.1 万 ~ 100 万美元	对关键功能有一定影响
低	11% ~ 30%	1 ~ 4 个星期	10 万 ~ 50 万美元	对总体功能有次要影响
很低	1% ~ 10%	<1 个星期	<10 万美元	对次要功能有次要影响
无	<1%	无变化	无变化	对功能无影响

在确定该如何评判一个风险属于红色、黄色或绿色风险之后，我们又该如何确定项目是否有太多的红色风险，即是否患有风险肥胖症？我们可

以仅仅因为看到概率影响矩阵中有“许多”红色风险，就主观地做出患有风险肥胖症的判断吗？这种主观判断就像仅凭一个人的外表来判断他是否患有身体肥胖症。一种更好的办法是，为红色风险的数量规定一个临界值。一旦红色风险的数量超过该临界值，就意味着患有风险肥胖症。不过，最好还是用更准确的方法来决定项目是否患有风险肥胖症。

对于身体肥胖症，我们用量化的身体质量指数（BMI）评判。一旦 BMI≥30，就是患有身体肥胖症。我们能够用类似的量化指标评判风险肥胖症吗？我们知道风险敞口应该是多少吗？实际风险敞口又是多少？在回答“多大的风险才算是太大的风险”时，应该用什么测量单位？

有些人建议把所有风险的影响都货币化。首先，把风险的概率和影响相乘，计算出每一个风险的预期货币价值（EMV）。例如，对于发生概率为 10%、影响为 10 万美元的某个风险，其 EMV 是 1 万美元。然后，把所有风险的 EMV 汇总，得出整个项目的风险货币值。一旦整个项目的风险货币值超过了事先规定的临界值，那么项目就“太冒险”了。

上述方法的一个难题是，并非所有风险都有财务影响，并非所有非财务影响都能够很容易地转化成货币表现。而且，简单地用“概率乘以影响”计算 EMV，是有根本缺陷的，因为那些概率很低但影响很高的风险会被严重低估。还有，人们可能误把 EMV 看作风险将给项目带来的实际货币损失或收益。实际上，EMV 仅仅是用假想货币表示的“可能货币值”。

使用概率影响分值（P-I 分值）反映每个风险的大小，是一种更好的方法。把代表概率的数值和代表影响的数值相乘，就得到风险 P-I 分值，如表 6-2 所示。可以针对不同的影响类型（如对进度或声誉的影响）确定影响得分，把所有的影响都转化为通用的数值。不像 EMV，人们不会把 P-I

分值误看作真实的货币值。为某个特定项目规定 P-I 总分临界值，一旦 P-I 总分超过该临界值，就意味着项目有“太大风险”。然后，监督项目的实际风险敞口是否超过了这个临界值。

表 6-2 计算 P-I 分值的样表

刻度值	概　　率	影　　响
很高	0.9	0.8
高	0.7	0.4
中	0.5	0.2
低	0.3	0.1
很低	0.1	0.05

6.2 预后和影响

与身体肥胖症一样，风险肥胖症不仅会严重影响当前绩效，而且会对以后的健康产生潜在影响。

6.2.1 无力顾及额外的风险

如果组织的风险敞口太大，所冒风险超出了承担能力，那么会严重影响它处理额外风险的能力。一旦新风险发生，它便不能快速做出反应，从而导致这些风险得不到管理，本可避免的威胁变成真实的问题，本可利用的机会从眼前流失。类似的问题也会在项目上出现。项目团队总是处于危机应对模式，全力对当前风险进行“救火”，无暇识别或管理其他潜在风险。因为风险管理系统已经超载了太多的风险，所以必然无法顾及任何新的风险。

6.2.2　提高其他风险疾病的发病率

除了对日常工作绩效的上述影响以外，风险肥胖症还会给组织和项目带来潜伏的健康危害。就像身体肥胖症会导致一系列并发症，风险肥胖症也会提高其他风险疾病发生的可能性。管理太多的风险，会使人感到很紧张，导致本可预防的错误和事故的发生，影响人们进行有效决策的能力。可能为节约时间而走捷径，从而产生过多的缺陷。人与人之间的关系变得比较紧张，以致影响员工的积极性和生产率。在监控、审计和汇报等领域可能出现系统性错误。较有可能出现的最坏情况是，整个项目或组织因不可管理的巨大风险而被迫关闭。

6.3　案例

近期历史记录中有一些热门事例，可以说明风险肥胖症对个人、组织和社会的影响。如果不能及早发现风险太多并采取预防行动，那么就可能发展成全面的风险肥胖症。

6.3.1　流氓交易员

最近几年，在金融市场上出现了一些有明显风险肥胖症症状的流氓交易员。他们不断地冒更大的风险，直到风险敞口达到无法收拾的巨大程度。最终，不仅他们自己的职业生涯受到了致命打击，而且他们的雇主和客户也受到了严重影响。

尼克·里森是最早的流氓交易员的公开案例。他曾是巴林银行衍生性金融商品的交易员。他的非法投机交易造成了英国最老的投资银行巴林银行在 1995 年倒闭。里森 1989 年加入巴林银行，1992 年被任命为新加坡分行期货与期权交易部总经理。随后，他开始进行非法的投机交易。一开始他为巴林银行创造了 1000 万英镑的利润，但后来的期权交易并不成功。里森开始使用巴林银行的错误账户掩盖损失。截至 1992 年年底，交易亏损超过了 200 万英镑。到 1994 年年底，亏损上升到了 2.08 亿英镑。在 1995 年 1 月，神户大地震让亚洲市场急剧下跌，里森的亏损也进一步加剧。他进行了几次非常冒险的交易，试图挽回损失。但是，事与愿违，又进一步加剧了亏损。最终，亏损达到了 8.27 亿英镑，相当于巴林银行可用交易资本的 2 倍。在采取紧急措施无效后，巴林银行宣布破产。里森逃跑后，于 1995 年 11 月被捕，并引渡到新加坡，被判处六年半监禁。

类似的例子是布鲁诺·伊克西尔。2012 年，他是伦敦摩根大通公司投资总部的交易员。他的大额交易为他赢得了“伦敦鲸”的绰号，还有同行的羡慕。2012 年的 4 月和 5 月，在伊克西尔积累了巨额的信用违约掉期后，产生了大额交易损失。最初宣布的预估损失为 20 亿美元，最终又说是 620 万美元。这些事情引起了美联储、证券交易委员会和联邦调查局的调查，直接导致摩根大通的首席投资官辞职。到 2014 年 3 月，摩根大通公司仍然面临股东们的诉讼。股东们起诉摩根大通公司误导他们相信了公司的风险管理能力，直接导致了“伦敦鲸”的风险肥胖症行为，涉嫌证券欺诈。

6.3.2 投机泡沫

风险肥胖症在金融市场上已经存在很多年了。投资者往往忽视现实情况，冒太多的风险，最终遭受致命的损失。在金融市场上，如果投资者基于对未来不现实的预期，而把资产的价格定为明显高于其内在价值，并进行大量交易，那么就会导致“投机泡沫”的产生。投机泡沫其实是风险肥胖症的一种表现。它是由不受控的风险胃口所导致的过度冒险。它们不只是最近的现象。第一个投机泡沫产生于 1637 年的荷兰郁金香狂热，接着是 1711—1720 年的英格兰南海投资泡沫。

较新的风险肥胖症例子是 1997—2000 年的互联网投机泡沫。投资者相信新成立的互联网公司未来将有很高的利润。他们还忽视了诸如市盈率之类的传统业绩测量指标。这直接导致了这些互联网公司最初几年的股票价格猛涨。随着互联网公司股票价格的快速上涨，风险投资家也看到了创纪录增长的机会。他们更快地投资，不再像过去那样谨慎。他们同时向许多相互竞争的互联网公司投资，希望让市场来决定哪家公司获胜，并以此减轻自己的投资风险。1998—1999 年的低利率使他们获得了更多资金投向互联网公司。

互联网投机泡沫最终在 2000—2001 年破灭。许多互联网公司停业了，其他幸存者的股票价值也遭受了重创。有些幸存者甚至转向从事长期更能盈利的其他业务。

6.3.3 当今的潜在例子

当今的不少情形都有可能演变成风险肥胖症的实例。在这些情形中，人们所冒的风险不断增大，可能超出他们的承受能力。例如，英国经济衰退期之后的房地产市场。2013 年中期，房价开始非理性上涨。到 2013 年年底，英国的平均房价已经上涨了 18%。政府出台了计划，向首次购房者提供高达房产价值 90%的房屋抵押贷款，鼓励他们进入房地产市场。很低的利率也让高额抵押贷款对人们产生了诱惑。所有这些因素似乎已经为房产价格泡沫做好了准备，有点类似于 2008 年金融危机前夕。

再如，比特币。人们把比特币当作硬通货的替代品，在金融交易中使用。比特币是基于互联网的“虚拟货币”，没有任何中央银行或政府做后盾。它可以在网上交易，正在被日益用于网络购物。比特币始于 2008 年，起初并没有任何价值，但是到了 2013 年年底，1 个比特币的价值超过了 1 000 美元。仅在 2013 年，其价值就增长了 50 倍。虽然比特币经历了剧烈的波动，但是有迹象显示它正日益受网络时代的年轻人欢迎。这些年轻人不太信任传统的金融机构。比特币究竟会发展成一个投机泡沫，还是成为金融界的永久现象，让我们拭目以待。

6.4 治疗方案

一旦承认组织或项目有太大的风险，我们就能够着手治疗风险肥胖症了。如果某个组织不断地突破风险临界值，那么它就患有风险肥胖症。类似地，如果某个项目有许多红色风险，其 P-I 总分很高，那么它也患有风险肥胖症。可以采取短期和长期措施治疗风险肥胖症。

6.4.1　短期治疗措施：把体重减轻到目标水平

一旦发现组织或项目有太多的风险，患有风险肥胖症，就应该立即采取措施，以可控的方式来降低风险敞口。应该设定具体的可接受风险敞口，以便据此考察朝风险敞口降低目标的进展情况，并能够在达到目标时及时停用降低措施。正如每一个人的理想体重都有所不同，各组织或项目的风险敞口也有所不同。应该在战略、项目组合、项目或运营层面，用风险临界值定义“目标风险体重”，针对每一个目标规定可接受的偏差是多大。

应该在整个组织层面，通过出售高风险资产或业务快速摆脱一些风险，把整体风险敞口降至更可接受的水平，使其符合组织的风险胃口。组织也可以通过并购或多元化经营，引进一些低风险资产或业务，从而快速降低整体风险敞口。

在项目组合层面，可以采用类似的短期措施，重新考虑项目集、项目和其他活动的组合。

在组织和项目组合层面，关键是要利用现代投资组合理论，使用“风险效率”方法，把资产组合中的风险保持在所谓的“有效边界”。因为可以把整个组织看成是一些价值流的组合，所以可以对组织和项目组合采用同一套组合管理的原则。风险平衡式组合可以被定义为“在既定的风险敞口下，能够产出最高预期回报的资产组合；或者，在既定的预期回报下，能够形成最低风险敞口的资产组合”。[①]

图 6-2 是以风险敞口为横轴、以预期回报为纵轴的一个图形，其中显

---

① Markowitz. H. Portfolio Selection [J] . Journal of Finance, 1952, 7(1): 77–91.

示了有效边界及各种可能的项目组合。有效边界是一条连接各种有效项目组合的曲线（图中的虚线）。位于有效边界上的各种项目组合（组合 E、F、G），都已经达到风险和回报之间的综合优化。其中，又以组合 F 为最优。在有效边界之下的各种项目组合（组合 A、B、C、D），要么不能在既定风险水平下产出足够的回报，要么是在既定的回报下有更高的风险。

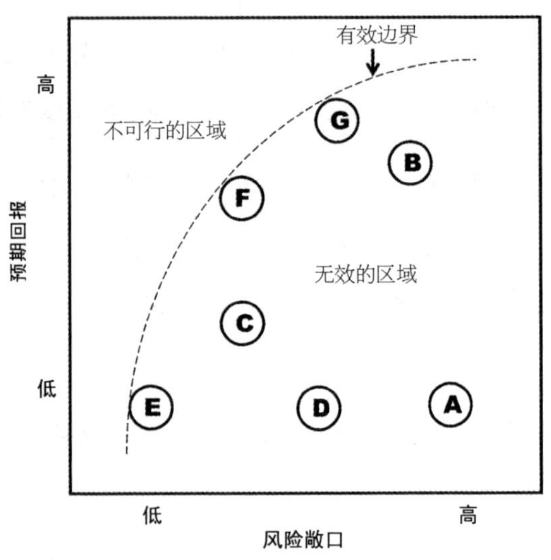

图 6-2　项目组合的有效边界

在项目层面，可以用两种方法治疗风险肥胖症。一种是针对最重要的单个风险，采取日常的风险管理过程，以便最小化威胁、最大化机会。另一种是对项目范围进行受控式变更。这可能需要删去一些高风险的工作，把项目分解成一系列便于分期完成的小项目；或者，把项目外包给更有能力管理风险的其他人。

对项目范围的变更决定，可由项目发起人或业主在听取项目经理的建议之后做出。在采用日常风险管理过程对重要的单个风险进行直接管理的同时，通过受控式范围变更对项目总体风险进行间接管理。联合使用这两种方法，能够在短期对风险肥胖症进行强力的有效治疗。

当然，不应当指望立竿见影，因为从风险肥胖症恢复到合适的风险等级毕竟需要一定的时间。为了降低体重，在控制饮食的过程中，要通过正常的生活保持身体的健康，如锻炼、工作、休息和交往。类似地，在降低组织的风险敞口的过程中，组织不应该忽视其他方面，如客户关系、员工士气、市场营销、沟通。在设法降低项目的风险敞口的过程中，也要继续关注项目管理的其他方面。

6.4.2　长期治疗措施：改变饮食和习惯

短期治疗相当于“减轻体重”，把组织或项目的总体风险敞口降低到有能力管理的级别。长期治疗则要求改变冒险行为，确保更加平衡的风险“饮食”，以便保持更加健康的风险敞口水平。这就意味着，在把风险敞口降低到目标水平的同时，要利用风险文化和风险管理方法，培养新的冒险习惯。

究竟什么才是平衡的风险饮食？这对每个组织或项目都有所不同。组织或项目应该认真监督风险敞口水平，确保风险敞口处于可接受的区间内。我们需要知道自己的风险胃口，并每天主动地加以管理：感到饥饿，想“吃”更多的风险吗？现在感到舒适吗？应该克制追求风险的冲动吗？风险饮食真的平衡吗？其中含有能促进健康的正确机会吗？应该为获得回报而在某个领域冒更多或不同的风险吗？

应该根据风险胃口，针对每个目标设定风险临界值，规定可接受的风险水平。然后，无论是改变战略方向、研发新产品或服务、改变项目组合的组成，还是决定项目开发和执行的战术，我们都要认真审查会导致风险的每一个决定。我们要考察一下，该决定所导致的风险是否将使实际风险水平超出风险临界值。如果是，我们就必须采取有效的措施，管理相应的风险，以便不损害项目或组织的整体健康。

通过清楚地了解组织或项目的风险胃口，针对每一个目标把风险胃口量化为风险临界值，并监督实际的风险敞口，使之总是处于风险临界值之内，我们能够培养出新的、更健康的冒险习惯，防止风险肥胖症的复发。

根据海外发展研究所 2014 年发布的《未来饮食》报告，发展中国家的超重和肥胖成年人已经达到约 10 亿人，几乎是 1980 年的四倍。肥胖症是世界范围内的主要死亡原因。一些研究显示，肥胖症导致美国每年约 30 万人死亡，导致全世界每年约 250 万人死亡。幸运的是，肥胖症是可以预防的。风险肥胖症虽然会导致严重的后果，但也是可以预防和治疗的。应该采取短期措施，以可控的方式降低实际风险敞口；还应该采取长期措施，把实际风险敞口保持在可控的健康水平。

第 7 章

风险厌食症

“风险厌食症”是一种拒绝所有风险的极端行为，即拒绝在任何情况下承担风险。与临床上的厌食症相似，风险厌食症是有害行为和错误思维的综合。如果不加以有效治疗，最终将危及组织或项目的生命。风险厌食症的病因在于患者对自我和情境的错误认知。他们会因此采取错误的行动。

风险厌食症的特点是，过分地限制所冒风险的数量，过于恐惧冒太多风险的后果，以及严重扭曲自我形象。患者可能从以下两个方面扭曲自我形象：

（1）认为自己已经突破了风险临界值，所冒风险已经太高。

（2）低估自己的风险承受能力，或者低估自己可以或应该承担的风险程度。

风险厌食症会对个人和组织产生不利影响。如果风险厌恶行为已经成为组织文化和精神的一部分，甚至被自身患有风险厌食症的主要领导者不断强化，那么风险厌食症会对整个组织产生特别严重的后果。在患风险厌食症的组织中，项目和运营也会不愿意承担合理的风险，从而严重影响创新或创造能力。

7.1 诊断和症状

风险厌食症主要源自患者的认知偏见和错误，其病根并非显而易见。因此，很难直接诊断出风险厌食症，往往只能从患者的外在行为推断。

可以根据几个行为特征推断个人或组织可能得了风险厌食症。

7.1.1 否认问题的存在

风险厌食症的早期症状类似于风险失明症，即拒绝承认自己正面临风险。否认了风险的存在，他们也就无需做出与冒险有关的决定。既然没有风险，那当然不需要决定该如何冒险。

如果人们在谈论项目或关键战略决策时，说了如下这类话：“没有什么会出错”、“这里没有任何风险”或“我们知道结果将是什么”，那么就意味着个人或组织可能患有风险厌食症。当然，因为所有业务和项目都是有风险的，所以人们很难永远否认风险的存在。当风险变得显而易见时，风险失明症患者仍然看不见风险，并继续如同风险不存在那样去行动；而风险厌食症患者则会采取与失明症不同的行为去应对风险。

7.1.2 极端的风险规避

即便已经无法否认风险的存在，风险厌食症患者仍会拒绝承担任何风险。他们对风险敞口和风险能力的错误认知，导致他们误认为自己已经承担了太多风险，从而拒绝承担任何新风险。

有趣的是，研究表明，临床厌食症患者仍然有饥饿感。事实上，他们的身体中往往有较高水平的饥饿激素，即生理上仍有对食物的需求。这表明，他们的身体试图让他们进食，但他们的认知偏差又迫使他们抑制或忽略这种进食需求。

类似地，因为风险胃口是人类固有的，所以风险厌食症患者在面临不确定的重要关口时仍会有冒险的冲动。但是，正如意识的力量有可能压倒身体的欲望，个人和组织也可能采取一种不符合固有风险胃口的风险态度，并据此行动。即便风险厌食症患者产生了冒险的自然冲动，他们也能够抑制这种冲动，转而极端地规避风险。

风险厌食症患者对哪怕只是风险敞口的轻微扩大，也深感恐惧，并因此采取特别的行为来极端地规避风险。在风险管理过程中，他们很可能：

- 设置非常低的风险临界值，把最低程度的风险也列为不可接受。
- 因对风险过分敏感而识别出大量的威胁（消极风险）。
- 因担心好事变坏事而忽略各种机会（积极风险）。
- 过分高估威胁的概率和影响，把大量风险列入“红色”区域。

- 喜欢运用激进的风险应对策略，尽可能地规避风险，即便这不是效益成本比最高的应对策略。
- 只愿意接受极低程度的残余风险。
- 在落实风险应对措施时，优先采取行动确保风险得到有效处理，并尽可能消除风险。

7.1.3 坚信“一切风险都是坏的”

风险厌食症患者甚至会把积极风险（机会）都看作坏事，因为事情总有变坏的可能，机会有可能转变为威胁。在他们看来，最好是拒绝或规避所有风险，包括积极风险。他们会因此采用非常片面的风险管理方法，只强调对威胁的管理，而忽视任何机会。

不幸的是，只专注于消极风险，又会加重风险厌食症患者对风险的不合理恐惧。风险厌食症患者很容易陷入如图 7-1 所示的恶性循环：

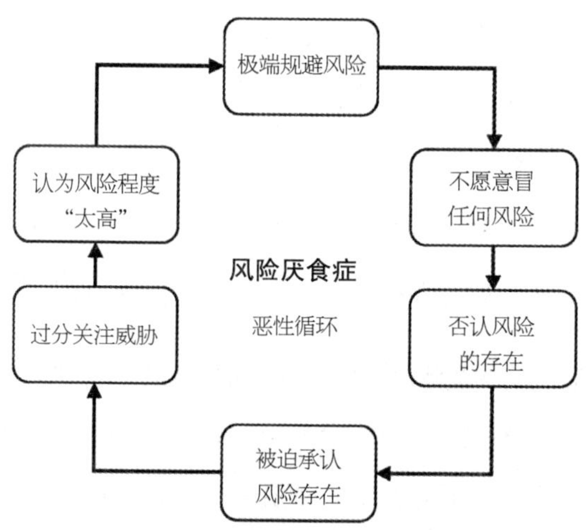

图 7-1　风险厌食症恶性循环

- 首先，因害怕承担过多风险而否认任何风险的存在……
- ……然后，又被迫承认风险的确存在……
- ……但是，他只专注于威胁而忽视机会……
- ……这又导致他更加害怕承担过多风险，又使他更加规避风险。

7.1.4 与其他风险病有关的症状

临床上的厌食症常有一些精神症状。仅根据精神症状，很难区分出生理疾病与功能性精神障碍。类似地，患风险厌食症的个体和组织也会表现出一些与其他风险病有关的症状，包括风险抑郁症、风险精神分裂症等。因此，应该谨慎地对各种风险病进行诊断，以确保对症下药。

7.2 预后和影响

风险与回报是相互依存的。不冒风险，就不可能获得回报。不冒任何风险，就无法创新或创造，从而导致竞争力的降低。一个缺乏创新和竞争力的组织，必然是不健康的、没有活力的，甚至可能完全无法生存。

7.2.1 垂死的经营业绩

适当的冒险对组织来说是必不可少的，就像人类需要合理的饮食。毕竟，“corporate”（公司）这个词源自拉丁文“corpus”（身体），而“organization”（组织）也源自拉丁文“organism”（有机体）。患风险厌食症的组织会因不冒适当的风险而无法成长，并陷于垂死的状态。在这些组织中，普遍存在以下问题：

- 缺乏诸如推出新产品或开展新项目的商业活动。
- 缺乏市场竞争能力。
- 现有项目和运营的业绩不佳。
- 员工士气低落。
- 不能招聘和留住优秀员工。
- 声誉和股票价值受到损害。
- 失去投资者和市场分析师的信任。
- 无力筹集投资资金。
- 因业务缩减而被迫裁员，甚至关闭一些办公室。
- 最终倒闭。

7.2.2 注定失败的项目

在项目层面，风险厌食症会导致以下结果：

- 最初，项目发起人在项目章程或商业论证中规定的可承受风险水平过低，与想要实现的项目范围和要求严重不匹配，导致风险无效窘境。
- 接着，项目团队成员基于上述范围和要求，开始编制项目进度计划、成本预算、资源需求和技术方案。他们发现这是一个注定要失败的项目，因为不允许冒为实现要求而必须冒的风险。面对项目启动时已经存在的风险无效窘境，他们不得不在项目管理计划中做出各种妥协。
- 因为项目基本不可能成功，所以项目团队在项目执行过程中会士气低落。有两种常见的结果：一种是项目团队被迫采取“英雄主义”做法，耗尽个人和团队的全部精力，在一线希望中争取项目成功。另一种是项目团队不愿意花时间和精力做不可能成功的项目，而是在项目开始执行之前就选择放弃。不论是哪种结果，都意味着项目绩效很差。

- 项目团队的士气低落，会导致生产率降低，甚至造成项目进度落后、成本超支。这又会进一步影响士气，形成项目绩效越来越差的恶性循环。
- 最终，该项目必然失败。项目既可能因不能冒险而无法实现一些关键的要求，也可能因面临所谓的过高风险而被取消。

7.3 案例

许多拒绝冒险的企业已经付出了惨痛的代价，将来肯定还会有更多的这类企业。以下三个著名案例都是企业未能认识到创新性冒险的价值，都能够说明风险厌食症对企业的不利影响。每一个案例企业都曾是全球市场上的领先者。在新技术出现时，它们都只是关注自己已有的核心优势，而没有去冒险开拓新的业务领域。

7.3.1 IBM 和个人计算机

世界上最赚钱的公司（1985 年的利润达 66 亿美元）怎么会变成世界上最亏钱的公司（1993 年第一季度的亏损达 80 亿美元），这个故事已经众所周知。在第二次世界大战之前，IBM 是穿孔卡片制表机的主要供应商。

在战争期间，制表机被用于后勤管理，IBM 的经营规模也因此扩大了三倍。1952 年，IBM 投入大量研发资金，进入电子计算机行业，试图超过 UNIVAC 这个早期的市场领导者。随着计算机的用途增加，IBM 在市场上占据了主导地位。

在 20 世纪 70 年代后期，技术的发展已经显示小型机和个人计算机将逐渐取代昂贵的大型机。IBM 在 1981 年进入个人计算机市场，并决定研发 PC 机。因为担心自行研发核心处理器和软件风险太大，所以 IBM 把核心处理器和软件的研发分别外包给了英特尔公司和微软公司，以便把研发的风险转移给他们。结果是，其他公司都能使用英特尔芯片和 MS-DOS 操作系统克隆 IBM 计算机，生产出更便宜的竞争产品。这导致了主机价格暴跌 90%。IBM 也因此失去了市场主导地位。

虽然 IBM 后来又重建了其在计算机服务领域的业务，但是这个 PC 机的创立者毕竟曾因担心自行研发“太冒险”，而失去了一次充分利用其伟大发明的好机会。

7.3.2 伊士曼柯达和数码摄影

另一个近来备受瞩目的例子是伊士曼柯达公司。它在 19 世纪后期开创了个人摄影业务。尽管柯达公司曾有一个多世纪的成功革新，但在消费者开始青睐数码照相机后，柯达公司走向了失败。柯达公司虽然在 1975 年发明了数码照相技术，却没有及时把它商业化。由于没有冒适当的战略风险，也没有及时调整业务方向，柯达公司最终在 2012 年宣布破产。

柯达公司早已把自己定义为一种化学企业，专注于为客户提供胶片。柯达公司把数码照相技术排除在公司愿景之外，而且认为发展该技术的风险太大，故而主动放弃。这一次，柯达公司没有能够复制其早期的两次成功转型经验。这两次成功转型，都是因为柯达公司创始人伊士曼及时预见到了“颠覆性技术”的影响，并且愿意冒险拥抱新技术。他先是把柯达公司成功地从干版生产转向了胶片生产，后来又成功地从黑白胶片转向了彩色胶片。这两次，虽然也属于用新技术来改良现有产品，但由于敢于冒险，柯达公司继续保持了领导地位。不幸的是，在面临数码技术时，柯达公司未能复制前两次的成功。

7.3.3　诺基亚和智能手机

2013 年，诺基亚的手机业务被微软收购，这可能也是诺基亚没有冒适当的风险所导致的。从 20 世纪 90 年代初开始，诺基亚在十年内从一个市值仅为 65000 万欧元且步履艰难的工业集团，发展成了股权价值接近 3000 亿欧元的世界上最大的手机制造商。

然而，在面对来自苹果和三星的竞争时，诺基亚却因未能建立高级智能手机方面的竞争力，而在 2008 年变得摇摇欲坠。稍后，来自亚洲廉价手机制造商的竞争，又使诺基亚在主要新兴市场的销售一路下滑。公司管理层承认，诺基亚对于智能手机革命的反应太慢。虽然诺基亚在 2006 年预测到了手机将要与互联网相连，并需要软件平台的支持，但它并未及时行动。在当时，他们担心研发高级智能手机的风险太大。

7.4 治疗方案

与临床上的神经性厌食症一样，风险厌食症的治疗也需要时间，还要从改变观念和行为这两个方面同时入手。这两个方面，都不可能立即见效，只有坚持和毅力才能带来必要的改变。

7.4.1 转变观念

要实现永久的康复，采取更健康的冒险方法，患风险厌食症的个人、团队或组织就必须转变长期形成的观念。他们要认识到不仅有可能安全地冒险，而且冒险对取得业务和项目成功都是必需的。这种观念的改变必须先于行为的改变。因为转变观念往往需要很长时间，所以一旦意识到患有风险厌食症，就要立即开始转变观念，直到新观念得以建立和巩固。

1. 风险胃口训练

邀请专家提供辅导和指导，是改变个人、团队或组织的风险观念最有效的办法。教练或导师应该非常了解风险胃口的决定因素，有能力帮助患者认识到他们的风险倾向，以及来自风险文化的影响、个人或群体的直觉或认知偏差的影响。教练或导师还应协助患者了解自己的真实风险承受能力，以便他能够合理地判断自己究竟能承担多大的风险。

一旦了解了自己的风险胃口和风险能力，患者可以设法用可测量的风险临界值量化风险胃口，并且把这些临界值与现有的风险能力进行比较。患者可以针对所设想的风险敞口采取合适的风险态度，然后相应地调整风险临界值。最后一步是，主动管理风险，把特定业务或项目的实际风险敞口控制在风险临界值之内。

图 7-2 是一个风险胃口和风险态度（RARA）模型，总结了风险文化、风险胃口、风险临界值、风险能力、风险认知、风险态度、风险管理和特定情形之间的关系。

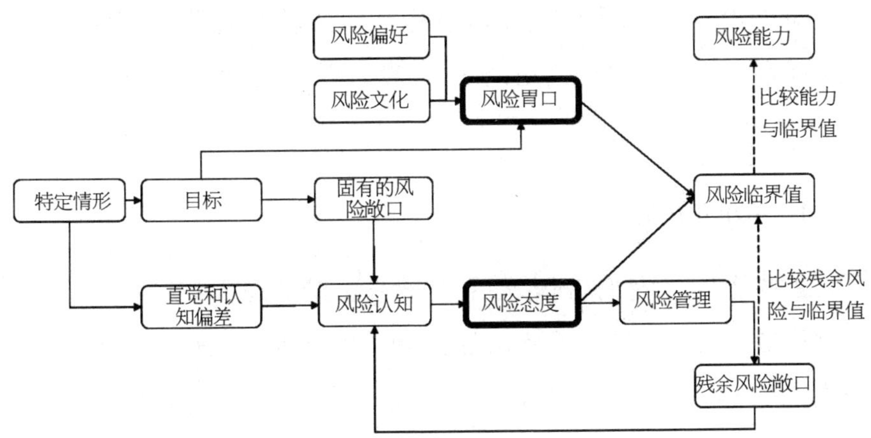

图 7-2 风险胃口和风险态度（RARA）模型

经许可改编自："The Risk Appetite-Risk Attitude (RARA) Model" in A Short Guide to Risk Appetite by David Hillson and Ruth Murray-Webster (Farnham: Gower, © 2012).

2. 让患者了解冒险的好处

向人们展示安全地冒险的好处，也特别有助于让人们相信合理地冒险不仅是可能的，而且是必需的。应该同时从教育和实践入手展示冒险的好处。在一个认真设计的试点项目中开展教育和实践，这是一种很理想的方法。让组织或团队中最持怀疑态度的成员参与试点项目，这是特别重要的。他一旦被转变过来，就会成为最好的宣传者。真正的风险厌食症患者一旦发现还有考虑风险的更好方法，他们往往会热衷于与同事分享自己的新见解。他们的热情和观念转变是非常有说服力的。

7.4.2 改变行为

一旦帮助患者改变了风险观念，使他们能够更准确地评估所面临的实际风险敞口以及自己承担风险的实际能力，那么我们就可以着手帮助他们改变行为。如果他们的观念已经先行改变，那么帮助他们改变应对风险的行为就会比较容易。

1. 从小处开始

在神经性厌食症的临床治疗中，以可控的方式逐渐改变饮食习惯，是非常重要的。治疗风险厌食症也要用类似的循序渐进方法。应该以可控的方式一点一点地逐渐扩大风险量，确保个人或小组有能力处理扩大后的风险敞口。对于组织而言，应该采取一些较小的步骤逐渐推进创新或产品开发，如逐渐改进现有产品或服务，而不要试图一开始就进行较大的变更。对于项目而言，应该鼓励团队在设计和开发技术解决方案时发挥创造性，允许他们预留一定的余地来应对偶然的失败。

2. 均衡饮食

在开始以可控的方式改变行为之后，还必须注意保持平衡的风险饮食。特别是，对于正在恢复期的患者，应该鼓励他们既承担威胁又利用机会。鉴于厌食症患者往往不愿意考虑积极风险，所以这种做法是很重要的。引导患者逐渐扩大风险视野，考虑各种可能的风险来源。通常，一开始仅专注于技术风险，随后需要应用风险分解结构确保考虑所有潜在的风险来源。

风险厌食症是一种严重的风险疾病。如果不被发现并有效治疗，那么它对项目或企业将产生致命的影响。早期诊断非常重要，而谨慎处理也很必要。应该从源头上纠正对风险的错误认知，并逐渐引导行为的永久改变。对于风险厌食症患者来说，没有所谓“速效治疗法”。在治疗过程中，患者可能仍然不愿意接受合理的风险敞口，甚至还可能退回到旧习惯。然而，使用正确的治疗方法，患风险厌食症的个人、项目或组织都能够学会新方法，安全地承担适量风险。这样，他们才能够在这个充满风险的世界生存和发展，从承担风险中获得相关回报。

第 8 章

风险近视症

“风险近视症”是指个人或群体不能统揽风险的全局，只关注短期风险或很小范围内的风险。

外界存在许许多多的风险。要对其进行有效管理，必须首先看到它们。虽然风险近视症没有风险失明症那样严重，但它也会产生严重后果，会使人们身陷囹圄。如果人们的风险视界更加宽阔，这一切原本是可以避免的。

8.1　诊断和症状

风险范围非常广阔，包括影响我们目标实现能力的无数不确定性。风险触及遥远的未来，涉及各个角落，并超出我们的视野。我们应该认识并管理每一种重要的不确定性，包括那些在较远未来才可能发生的重要的不确定性。

然而，由于受潜意识中的邻近性（时间和空间上的邻近）和亲近性（与个人兴趣的相近）这两个因素的影响，组织及其项目团队可能主要关注那些离他们最近的风险。一旦这种自然的近距关注使人们无法看到并适当关注更远的风险，那么也许就发生了风险近视症。风险近视症有一些明显的症状。

8.1.1　只关注风险细节，缺少大局观

患风险近视症的项目团队和组织很容易过分关注单个风险的细节，而忽略全局。往往只要看一下他们的风险登记册，便可以发现这个问题。风险登记册对具体风险的描述极其详尽，涵盖方方面面，讨论了种种诱因，考虑了诸多特点，并列举了其对项目的每一种可能影响。虽然这种详细关注可能有利于管理每一个具体风险，但其带来的危险是，太多的时间和精力被用于关注已识别的风险，以至于无法顾及大局，无法注意那些尚未识别出的风险。

如果项目团队虽然能够讲清楚某种解决方案的某个细节存在的风险，但是全然没有察觉到整个项目可能被取消，那么也许就患了风险近视症。同理，如果部门负责人虽然知道其责任范围内的种种风险的细节，但是没

有意识到公司政策可能改变以及这种改变将对部门的各方面产生影响，那么也可能是患了风险近视症。

8.1.2 只强调短期的战术风险，而忽视长期的战略风险

风险近视症的另一个症状是过分关注近期可能发生并影响战术执行的风险。当然，这些风险甚为重要，予以优先关注也并不为错，因为需要立即对它们制订应对计划，需要重视它们对短期战术的影响。但是，不能因为强调这些风险而对其他更远的重要风险视而不见。

除了短期风险，我们还需要识别和记录在遥远未来的风险。首先，随着时光一天天流逝，遥远未来的风险会日益临近。如果不采取适当行动，有些遥远的风险会加速向我们逼近。其次，我们应当趁风险尚未临近便尽早行动起来，而不是坐等它们临近了才采取行动。尽早行动，可能更加有效。

可以列出已识别风险将要产生影响的日期，据此诊断人们是否过分关注短期风险。如果所有日期都聚集于近期，而没有在远期的日期，那么就可以判断他们患有风险近视症。同样地，也可以按风险将影响的目标对风险进行归类，据此诊断人们是否过分关注了对战术目标有影响的风险。

8.1.3 只关注少数风险种类

风险近视症造成的另一个结果是，只关注少数风险种类。这个结果与只关注短期风险类似。人们往往只考虑自己最熟悉领域内的风险。例如，工程师往往能看到许多技术风险，而无视商业或外在风险；采购专家能够

清楚地看到合同风险，但可能看不到与组织内部资源有关的风险。人们倾向于在熟悉的地方查找风险，却很难走出自己的舒适区去探究风险。

只要对风险登记册进行简单分析，把所列风险按类别或来源归类，便可以诊断出是否存在这种症状。如果大多数风险都属于极少数风险类别，且其他类别下基本没有风险，那么就是风险近视症在作祟。

8.1.4　只关注直接影响

虽然项目或企业的发展都有许多阶段，但是风险近视症患者只关注风险对当前阶段的影响，而忽略风险对整体目标或最终结果的潜在影响。此症状的表现是采用一种被称为“滚动式风险管理”的风险过程。

与风险近视症的其他症状一样，滚动式风险管理方法使人们只关注眼前的风险，而对其他风险则持观望的态度。当然，风险管理的总体思想是主动地处理各种重要的不确定性。我们应该在风险发生之前就对风险进行识别和管理，以便有充足的思考空间来调整自己、做好准备，然后及时地应对每一个风险。

8.1.5　只见“树木”不见“森林”

要了解单个风险（树木）与总体风险（树林）之间的重要差别，就需要问一下“项目的风险程度究竟有多高”。虽然风险登记册中已经列出所有已识别的风险，并且进行了优先级排序，制定了应对措施，指定了责任人，但是这仍然回答不了“项目的风险程度究竟有多高”。一个项目的总体风险与需要管理的单个风险是很不同的。

有些风险管理标准同时考虑了这两个层面，例如，PMI 的《项目风险管理实践标准》和《APM 知识体系》。PMI 对项目风险下了两个不同的定义。其中，单个风险是“万一发生会对项目目标产生积极或消极影响的不确定性事件或条件”，而总体风险是“不确定性作为一个整体对项目的影响”。

应该同时从这两个层面来管理风险。但是，典型的风险过程仅仅针对风险登记册中所列的单个风险。人们还很少考虑项目的总体风险，或者，还没有用结构化方法去管理总体风险。

8.2　预后和影响

如不予以治疗，风险近视症可能致命。患者无法意识到所面临的重大风险，就只能毫无准备地突然遭遇它们。未看到风险并不意味着它不存在，风险近视症会导致以下四种严重后果。

8.2.1　未能看清前方

可以把风险管理比喻成一个前向雷达。其目的是扫描未来，发现重要的不确定性，促使我们及时转向，避开威胁，利用机会，实现总体目标。显然，雷达的扫描范围应该尽可能广，能够发现无论远近的威胁和机会。当然，对于近处的风险，我们会看得更加清楚；对于远处的风险，我们也许只能窥见轮廓。但是，我们并不希望因过分关注近处的风险而在以后毫无察觉地遭遇更大的风险。

8.2.2 错过行动的最佳时机

如果未能看清前方，未能发现远处的风险，我们可能就没有足够的时间在其出现之前予以应对。对于某些风险，需要提前很长时间采取行动，才能避免或最小化威胁，或者利用或最大化机会。及早发现重大威胁和机会，有利于我们及时做出决策，并最有效地利用资源去应对。

8.2.3 缺乏对总体目标的关注

大多数企业和项目的战略和战术都过于短视。因为无法看清远方，所以人们会大费周章地应对当前的细小问题，而无法为解决远方的更大挑战做好准备。我们或许会赢得短期战役，却最终还是输掉整场风险战争。如果风险近视症致使我们缺乏对企业或项目总体目标的关注，那就很有可能输掉整场风险战争。过分执迷于应对眼前的风险，我们可能会忘记风险管理的初衷是提高实现目标的能力。风险近视症患者无法看到日常挑战所处的大环境。

8.2.4 无法识别源自陌生渠道的重大风险

仅专注于识别源自熟悉渠道的风险，这就注定了我们无法识别出其他渠道的风险，而只能在它们发生时才惊诧不已。这就意味着威胁将从未预见的地方产生，并演变成种种问题。假如我们事先有所预见，这些问题原本可以避免或减轻。同样地，我们也会因没有识别出源自其他渠道的机会，而错失这些原本有利于实现目标的良机。

8.3 案例

风险近视症已经影响到了单个项目、整个组织甚至整个行业，使其因关注短期风险而丧失大局观。

8.3.1 2008 年前的金融业

在 2008 年全球金融危机的前夕，银行和其他金融机构看待风险的方式，是典型的风险近视症。在 2009 年 2 月的一次讲话中，英格兰银行主管金融稳定的财务总监安迪·霍尔丹指出，世界金融体系存在一系列体制问题，而在过去的十多年中金融界还对该体系沾沾自喜。在谈及金融风险管理失败的原因时，霍尔丹指出，大多数数学模型都是只考虑较短（如 10 年）的时间窗口，只基于近期发生的经济事件。他说，人们很容易忘记很久之前发生的事件，也不怎么关心这些事件重现的概率。霍尔丹称之为“灾难近视症”，并指出正是它催生了这类不能反映灾难真实概率的数学模型。

不幸的是，银行业似乎并未吸取教训。在 2011 年 8 月的一次发言中，霍尔丹表示“这种引发近期危机的‘灾难近视症’可能正在阻碍经济的复苏”。这是顽固风险近视症的必然结果，你甚至完全看不到已经出现的问题。

8.3.2 项目管理成功，但经营失败

我们也可以从重大投资项目中找到一些风险近视症案例。这些案例项目仅关注实现短期的范围、时间和成本目标。这些短期目标当然是重要的。但是，一旦发生未曾遇见的长期战略风险，这些项目最终还是会被贴上“失

败”的标签。

伦敦千年穹顶就是一个很典型的例子。从项目管理方面来看，该项目是很成功的，因为它实现了所有的交付目标。但是，从经营方面来看，该项目是失败的。本想把千年穹顶建成一个主要的旅游景点，用以展示英国的发明和创新，但实际到访的游客非常少。该项目未能实现预期的战略利益，因此，从商业角度看是失败的。后来，它被改造成 O2 竞技场，作为一个举办大型体育、娱乐和文化活动的场所，并获得了巨大成功。

8.4　治疗方案

就像治疗生理近视症一样，治疗风险近视症的简易办法是佩戴近视矫正眼镜，以便看清本来看不清的远处。重要的是，针对具体的病情配一副“风险近视镜”。

治疗风险近视症的永久方案是做矫正手术。这可能需要对组织的风险管理体系进行整体性改造，甚至必须抛弃现有的风险管理方法，引进全新的风险管理方法。除非已经尝试过无创伤的治疗方法，否则我们不提倡采用这种太激进的治疗措施。

8.4.1　同时考虑总体风险和单个风险

风险近视症的症状之一是只关注单个风险而不考虑总体风险（“只见树木，不见森林”综合症）。那么，又该如何识别、评估和管理总体风险呢？对于项目而言，首先，应该在前项目阶段或概念阶段考虑总体风险。正是在这个阶段，要协商和确定项目的范围和目标。项目发起人或业主应该定义项目的预期效益，以及整个项目可以承受的总体风险程度。项目发起人或业主在做出与风险和回报有关的每一个决策时，都必须考虑项目的总体风险，即为实现特定项目范围和预期效益所固有的项目风险。项目发起人或业主可通过制定关于项目范围、结构、内容和环境的决策，来间接地管理项目的总体风险。

这些决策一旦做出、项目一旦启动，便可采用传统的风险管理过程来直接处理项目中的单个风险。在项目的关键时点，应该重新评估项目的总体风险，以确保总体风险不会突破既定的风险临界值。然后，项目团队又可以回去继续管理项目中的单个风险。

因此，如图 8-1 所示，必须对项目进行以下两个层面的风险管理。

- 间接的风险管理：通过制定关于项目范围、结构、内容和环境的决策，来管理项目的总体风险。
- 直接的风险管理：通过标准化的风险管理过程去识别、评估和管理项目的单个风险。

要回答“项目的风险程度究竟有多高”这一问题，就必须同时理解并管理总体风险和单个风险。这种两层风险管理方法，不仅适用于项目本身，而且也适用于某个项目组合、职能部门甚至整个企业。事实上，只有既通过决策过程来间接地管理企业的总体风险，又通过风险过程来直接地管理企业中的单个风险，企业级的风险管理才能真正有效。

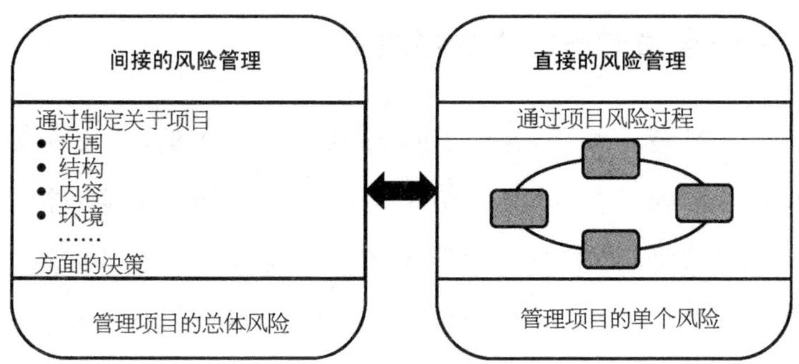

图 8-1　间接和直接的项目风险管理

8.4.2　将所有风险与总体目标关联

风险是“重要的不确定性”，而目标当然是“重要的”。战略风险之所以重要，是因为它们会影响组织实现战略目标的能力。项目风险之所以重要，是因为它们与项目目标息息相关。所以，任何不会影响任一目标的不确定性都是不重要的，都不是风险。找出每一个风险与一项或多项目标之间的明确联系，就能够确保风险管理始终统揽全局。

在实践中，应该根据每个风险对目标的影响程度（如高、中、低），对风险进行优先级排序。这样，也就找出了风险与目标之间的明确联系。为了评估每个风险的重要程度，我们需要弄清每个目标能够承受的风险极限。应该借助影响量表来定义这种风险极限。量表的最高刻度就是影响的最大值，即无法承受的威胁影响或不容错失的机会影响；量表的最低刻度则是可以忽略不计的影响。应该用影响量表来评估每个风险万一发生将对每个目标产生的潜在影响。

8.4.3 评估风险时考虑“战略后果”

对于项目风险，我们通常会评估其对成本和时间的影响，以及对项目功能或质量的影响。对于某些类型的项目，我们还会评估风险对安全目标、合规目标或其他目标的影响。对于企业风险，我们通常会评估其对企业声誉和财务指标的影响。但是，我们往往不经常考虑低层次的风险将如何跨越层级对更高层次的目标产生影响。例如，项目风险将如何影响整个项目组合的目标，部门风险将如何影响整个组织的目标。

在评估风险的影响时，明确地考虑风险将产生的“战略后果”，有利于评估每一个风险将如何影响总体目标实现能力。这可以确保我们统揽全局，而不是仅关注眼前影响。

8.4.4 将影响窗口期当作评价标准

风险近视症的典型症状是仅关注短期风险。一种有效的治疗办法是，在评估风险时明确地考虑“时间”这个因素，即界定风险可能发生的时间（如果实际发生的话）。这是采用“影响窗口期”评价风险，以便看出风险的紧迫程度。

通常，只用风险的概率和影响这两项指标评估风险，并相应地采用概率影响矩阵这个二维工具来排列风险的优先级。如果要引进第三项指标，如影响窗口期，那么就需要采用一种不同的工具。风险优先级排列图是一种行之有效的工具。如图 8-2 所示，水平时间线的上方是各种不同的概率，下方是各种不同程度的影响。用这种方法，我们既能够关注近期可能发生的风险，又不忽视远期可能发生的重大风险。

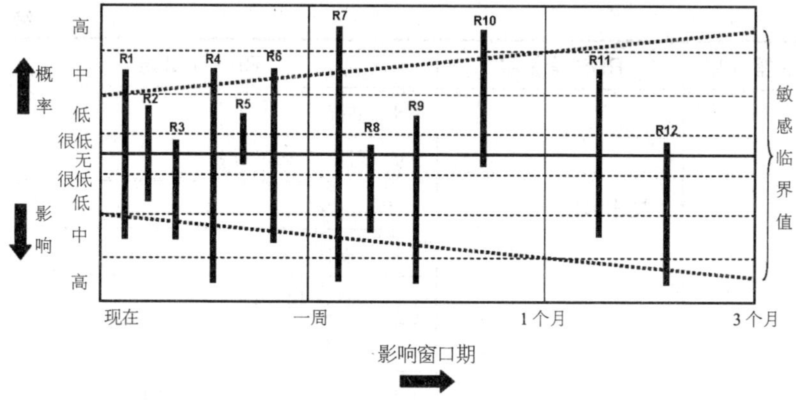

图 8-2　风险优先级排列图示例

8.4.5　使用风险分解结构

应该借助某种框架来提示自己各种可能的风险来源，防止只是在自己的舒适区识别风险。它可以是一张简单的风险类别或风险类型清单，也可以是更有效的风险分解结构（RBS）。风险分解结构是汇集了各种风险来源的层级结构图，如表 8-1 所示。

表 8-1　风险分解结构表

RBS 第 0 层	RBS 第 1 层	RBS 第 2 层
0．所有风险	1.技术风险	1.1　范围定义
		1.2　需求定义
		1.3　估算、假设条件和约束条件
		1.4　技术过程
		1.5　技术
		1.6　技术界面
		1.7　设计

续表

RBS 第 0 层	RBS 第 1 层	RBS 第 2 层
0．所有风险	1.技术风险	1.8　功能
		1.9　可靠性和可维护性
		1.10　安全
		1.11　安保
		1.12　测试和验收
	2.管理风险	2.1　项目管理
		2.2　项目集 / 项目组合管理
		2.3　运营管理
		2.4　组织
		2.5　资源
		2.6　沟通
		2.7　信息
		2.8　健康、安全和环保
		2.9　质量
		2.10　声誉
	3.商务风险	3.1　合同条款和条件
		3.2　内部采购
		3.3　供应商和零售商
		3.4　分包合同
		3.5　顾客 / 客户的稳定性
		3.6　合伙和联营
	4.外部风险	4.1　法律
		4.2　汇率
		4.3　场地 / 设施
		4.4　环境 / 天气
		4.5　竞争

续表

RBS 第 0 层	RBS 第 1 层	RBS 第 2 层
0．所有风险	4．外部风险	4.6 规章制度
		4.7 政治
		4.8 国家
		4.9 社会 / 人口
		4.10 压力集团
		4.11 不可抗力

在如表 8-3 所示的风险分解结构中，从风险的四大来源（技术、管理、商务和外部）开始，一层比一层更加详细。在这四大来源下面，是较低层次的、适用于某种行业或项目的具体风险来源。企业可以编制出适用于整个组织的通用风险分解结构，也可以为各种不同的活动和项目编制出一系列有所不同的风险分解结构。

无论是通用还是专用的风险分解结构，都有助于我们在识别风险时不要遗漏那些自己不熟悉的领域。在风险识别会议上，应该针对风险分解结构中每一重要风险来源分配相应的时间，并用底层的要素来提示我们更全面地识别风险，包括那些来自不熟悉领域的风险。风险分解结构所提供的广阔视角，对我们矫正因风险近视症所造成的短视且狭隘的风险视野，非常有效。

> 虽然不如风险失明症那么严重，但风险近视症也是一种常见病。它会局限人们对风险的认识，导致风险管理无效。仅关注狭小范围内的短期风险，那就意味着对某些重要风险的忽视，特别是那些在远期才会出现的重要风险，或在我们的平常视野之外的重要风险。

第 9 章

风险（分析）瘫痪症

“风险瘫痪症”是指企业或项目团队不能采取行动来应对已识别的风险。项目团队很好地完成了风险管理的前几个阶段，包括识别和记录真正的威胁和机会，评估其特性，排列优先级，并且制定了合理的应对措施。然而，由于患风险瘫痪症，团队并不采取实际行动去实施既定的应对措施。这种现象有时被称作“车灯前的小鹿”综合症，即迎面而来的风险引起了极度的恐惧或焦虑，以致当事者完全无法动弹。更常见的情况是，风险瘫痪症导致人们缺乏热情或精力采取必要行动。

这种病的一种具体表现就是“风险分析瘫痪症”。人们花大量的时间和精力去开展定量风险分析（QRA），然后再无后续行动。人们建立和改进风险模型，检查和分析模型产出的结果，又采集新的更好的输入数据，再次运行风险模型，如此周而复始。如果组织或项目陷在无休止的定量风险分析怪圈里，那么就发生了风险分析瘫痪症。

9.1　诊断和症状

标准的“风险瘫痪症”及其变种“风险分析瘫痪症”，都会导致风险管理过程被截短，如图 9-1 所示。

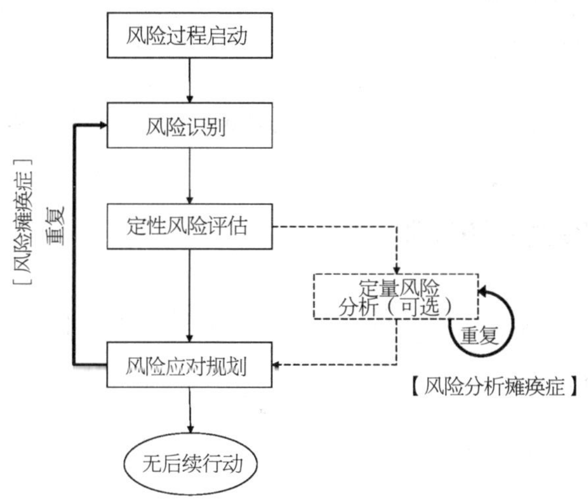

图 9-1　截短的风险管理过程

在截短的风险管理过程中，前期步骤完成后，不会继续进入本应进入的应对措施实施阶段，而是会出现两个无限循环：

- 标准的风险瘫痪症。项目团队召开风险研讨会，进行风险访谈，对风险进行识别和评估，并制定应对措施，然后形成一份随后被束之高阁的风险登记册。在项目结束之前，会不停地重复这个过程，使之形成无限循环。

- 风险分析瘫痪症。如果在风险管理过程中有“定量风险分析”这个环节，那么有可能停滞在这个环节，不断地进行更详细的定量分析，永不进入下一个环节。即便完成了定量风险分析，并据此开展了风险应对规划，也仍有可能陷入第一种死循环。

标准的风险瘫痪症有两大主要症状。可以凭这两大症状来判断风险过程无法突破风险识别和评估阶段，已经陷于死循环：

- 风险文档不完整。
- 没有行动证据。

风险分析瘫痪症的主要症状是过分强调定量风险分析建模。

9.1.1 风险文档不完整

风险瘫痪症的第一症状最易发现：风险登记册中的应对措施部分很不完整或质量很差。

一份良好的风险登记册，应该包括许多相关内容，如表 9-1 所示。因为风险瘫痪症患者基本不会采取实际的风险应对行动，所以他们编制的风险登记册，在风险应对措施和行动方面，要么完全空白，要么只有很简单的描述。

表 9-1　典型的风险登记册的内容

风险 ID	每个风险的唯一标识
风险名称	简短的描述语句
风险状况	风险的当前状态（例如：草案、活跃、完结、发生）
风险说明	对风险的详细描述，包括风险起因，具体的不确定性，以及对目标的可能影响
识别日期	风险首次记入风险登记册的日期
风险来源	引自风险分解结构或标准的风险类型
发生概率	使用一组预定的评级标准（如很高、高、中、低、很低），来评估风险的当前概率
对目标的影响	使用一组预定的评级标准（如很高、高、中、低、很低）和对每种影响的文字说明，来评估风险对目标的影响
风险责任人	负责对该风险进行全面管理的个人
风险应对策略	规避、转移、减轻或接受威胁；开拓、分享、提高或接受机会
风险应对行动	实施所选风险应对策略的具体行动
行动责任人	负责实施风险应对行动的个人
行动进展	各风险应对行动的实施现况概述
应对后的概率和影响	所选应对策略成功实施之后，风险的概率和影响
最新审查日期	风险和行动状态的最后一次审查日期

相比之下，一份良好的风险应对行动方案应该包括以下内容：

- 将采取什么行动？（明确说明将采取的行动）
- 如何判定行动已经完成？（行动的完成标准）
- 将在何时完成？（行动窗口期，给出规定的行动开始日期和预期完成日期）
- 要花多少钱？（行动的成本预算）

- 将由谁来完成？（行动的负责人）
- 行动进展如何？（概述每项行动的当前进展情况）

只要简单审阅一下风险登记册的内容，便可判断是否达到了上述要求。

9.1.2 没有行动证据

即便已经在风险登记册中详细记录了风险应对措施和行动，也仍有可能发生风险瘫痪症。这种风险瘫痪症的症状是，建立了良好的风险登记册，然后把它束之高阁。虽然风险登记册的内容正确无误，但是没有任何证据显示已经采取或完成风险应对行动。导致没有采取行动的常见原因是：

（1）行动责任人并不知晓或并未同意这些风险应对行动。这可能是因为他们并未出席讨论应对行动的风险评审会议。因此，他们要么不清楚要完成什么任务，要么是未打算完成自己不认可的任务。

（2）行动责任人因忙于日常工作而没有时间采取风险应对行动。他们太忙了，因而无法顾及风险应对。

（3）行动责任人把风险应对看作“附加工作”，仅当常规工作完成后才需要处理。

上述任何一种原因都会导致风险登记册中的应对行动不会付诸执行。风险登记册被束之高阁，直到下次风险评审会才被取出，掸掉尘灰，用于会议讨论。在两次风险评审会之间，从不采取任何实际行动。

9.1.3　过分强调量化分析建模

风险分析瘫痪症具有另一种不同的症状。如果在风险管理过程中包括了定量风险分析这个环节，那么有可能发生风险分析瘫痪症。开展定量分析，需要专门的软件和技能，还需要可靠的输入数据及解读输出结果的能力。因此，往往会指定风险专家来做定量分析。他们负责建立风险模型、运行分析软件、产出分析结果，并向决策者提出建议。不幸的是，决策者往往不了解量化分析的运作机理，并视其如黑匣子一般，只能完全依赖风险专家告诉他们相关信息。

一旦过多的时间和精力被用于量化分析，就发生了风险分析瘫痪症。它之所以发生，也许是因为风险专家为了追求完美而不断对风险模型进行精细化；也许是因为决策者不断要求风险专家从头来过。决策者在做出最终决策之前，也许会要求风险专家不断开展量化分析，以给出“正确答案”或评价各种备选方案的后果。无论哪一种情况，都很容易陷入无休无止的量化分析之中，一次又一次地运行分析模型。

这一症状的表现是，多次重复建立和运行量化分析模型，虽然每次都有细节的改变或“改进”，却并没有增加价值。

9.2　预后和影响

若不加以治疗，风险瘫痪症会导致两大后果：一是风险得不到管理；二是风险管理过程变得毫无价值。

9.2.1 风险得不到管理

风险瘫痪症会对风险管理产生诸多不良影响。第一种影响是，使“风险管理”沦落为“风险分析”，使风险得不到“管理”！其后果是，那些本可规避或减轻的威胁不断发生，演变成严重影响绩效的实际问题。同样地，如果只是成功地识别和分析了机会，而不采取实际行动去抓住机会，那么那些本可实现或抓住的价值也会流失。

9.2.2 对风险管理失去信心

如果采用了有效的风险管理方法，组织或项目的管理者就有理由相信自己能够主动地识别和分析风险，合理地应对风险。如果风险得到了有效管理，管理者就会更加认可风险管理方法，从而形成一个良性循环，如图 9-2 的左侧所示。然而，在风险瘫痪症之下，风险得不到有效处理，本可规避或减轻的威胁不断发生，本可利用或提高的机会不断流失。这就导致管理者对风险管理失去信心，认为风险管理完全不起作用。这也会导致干系人对风险管理失去信心和热情，而没有干系人的支持，风险管理很难取得全面成功。

一旦管理者认为风险管理是在浪费时间，便会产生一个恶性循环，如图 9-2 右侧所示。管理者对风险管理的冷漠甚至公然反对，最终会彻底扼杀风险管理方法。既然风险分析瘫痪症也会导致风险得不到有效处理，那么它也会导致同样的恶性循环。

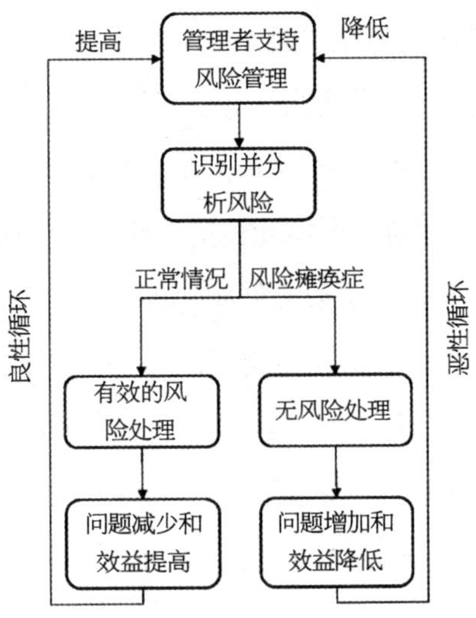

图 9-2　风险瘫痪症导致恶性循环

9.3　案例

最容易从重大项目中发现风险瘫痪症。有些重大项目会陷于无休止的分析论证循环，而无法取得任何实际进展，最后往往以失败或取消告终。

9.3.1　NASA 的太空干涉测量任务

可以从美国国家航空航天局找到几个风险瘫痪症的有力案例。由于担心成本超支或表现欠佳而招致失败，美国国家航空航天局的几项重大工程被严重延误，直至最后取消。太空干涉测量任务（SIM）是风险瘫痪症的一个明显例证。

1999 年 6 月，美国国家航空航天局局长丹·戈尔丁在美国天文学会成立 100 周年纪念大会上发表了讲话。在讲话中，戈尔丁着重论述了天体生物学所面临的挑战，是寻找地外生命，而太空干涉测量任务和类地行星发现者（TPF）项目就是应对这个挑战的第一步。他的愿景非常明确："在未来十多年内，我们将通过太空干涉测量任务和类地行星发现者项目，从周围数千个星球中寻找类地行星。将使用低分辨率光谱仪搜索最有希望的行星。或许我们将在某个行星的大气层中发现水、臭氧和二氧化碳。这之后，我们也许能够开展下一个任务，探测外星生命……"戈尔丁也说道："我们不能犯'准备—瞄准—瞄准'综合征，我们必须不断前进。"

"准备—瞄准—瞄准"综合征是风险瘫痪症的另一个名称，其症状是不断地准备行动，但永不实际行动。

太空干涉测量任务项目于 1997 年进入初始规划阶段，2003 年进入详细设计阶段，并于 2005 年成功完成了工程研发。在整个任务中，美国国家航空航天局采用标准化的风险管理方法，识别和管理技术风险。此项目的所有技术难题全部被攻克，规划阶段得以成功完成。然而，在美国国家航空航天局 2010 年公布的十年规划报告中，并未把这一项目列入建议资助项目清单。在 1990 年和 2000 年，此项目都被列入了建议资助项目清单。2010 年，在项目即将进入实施阶段时，却又不将其列入。最终，2010 年 12 月 31 日，该项目被取消。美国国家航空航天局似乎浪费了十多年时间进行风险识别和分析，却并没有打算继续前行——犯了典型的风险瘫痪症。

9.3.2 新型核电项目

20 世纪 90 年代中期，某个新型经济体启动了一个核电研究项目，旨在研发小型高温的核反应堆，以实现既新颖又安全的核电生产。为此，专门成立了一个公私合营公司，由当地政府、核工业公司和公用事业机构组成。公司的目标是，把新型核电技术商业化。项目一旦成功，能够提供安全清洁能源。因为它在国际市场上的巨大潜力，对所在国的重要性，所以被列为国家的重大战略项目。专门组建的核反应堆设计团队是全世界最大的此类团队之一，巅峰时期曾有近 2000 名成员。

2010 年年初，由于缺乏商业投资伙伴，东道主国家政府宣布停止对此项目的资金支持。此前，投资者因技术难题未决、成本飙升和欧洲一个类似小型反应堆的重大运营问题，而对该项目失去了信心。国际银行也拒绝为该项目提供贷款。2010 年 5 月，该项目进入待工状态，工作人员减至 9 人，寄希望于将来某天能够复活。

在整个项目中，他们高度重视风险管理。他们建立了风险管理过程，对项目团队进行了风险管理培训，并且投资建立了风险管理的工具和设施。项目团队中有专门的风险专家，并由他们运用量化风险分析模型对时间、成本和技术风险进行了分析。虽然对项目风险做了这么多的分析，但是他们用于风险应对实际行动的时间和精力却极其有限。他们还是犯了风险分析瘫痪症。最终，本可预见和避免的威胁实际发生了，项目就只能停止。

9.4 治疗方案

风险瘫痪症是对已识别并已分析的风险没有采取实际的应对行动。治疗需对症下药，在风险管理过程中补上被省略的“采取实际行动”这个步骤。

9.4.1 在风险过程中加入“应对措施实施”步骤

对风险瘫痪症的治疗，应该始于确保风险过程支持和鼓励采取实际应对行动。与完整的风险管理过程相比，截短的风险管理过程缺少了最后的几个步骤，即应对措施实施、风险审查和经验教训总结。

缺失的第一个步骤是，实施既定的风险应对措施。因此，治疗风险瘫痪症时，应该重点关注这个步骤。遗憾的是，大多数常用的风险管理标准都没有明确列出这个步骤。

省略“应对措施实施”这个步骤，很可能是引发风险瘫痪症的主要原因。它误导人们在识别和分析风险之后不去采取实际行动。人们经常不能建立从“分析”到“行动”的必然联系，导致风险管理过程并不能真正地“管理”风险。

9.4.2 指定明确的风险责任人

如果在风险应对计划中规定了应对行动，却没有规定责任人，那么便不会有人采取实际行动，从而导致风险瘫痪症。

应该在风险过程的早期就分配风险责任。通常，应该在风险识别阶段或风险评估和排序阶段；有些情况下，也可以在风险应对规划阶段才进行风险责任分配。分配风险责任，需要回答两个问题：

- 谁对某个风险的管理负总责？
- 谁来采取具体的应对行动？

风险责任人要确保为某个特定风险选择合适的应对策略，并确保该策略得到落实。风险责任人还要确定用于落实应对策略的具体应对行动，并为每个行动指定唯一的行动责任人。行动责任人将负责实施既定的风险应对行动，并向风险责任人汇报行动进展情况。每个风险都只能有一个风险责任人，但可以有多个行动责任人。

为每个风险指定风险责任人和行动责任人之后，设法让他们真正承担起必须承担的相应终责。行动责任人要向风险责任人承担采取规定行动的终责，风险责任人则要向风险管理总负责人（如项目经理或部门经理）承担对相应风险进行有效管理的终责。随后，要把应对行动的实施情况记入风险登记册。

在“应对措施实施”这个步骤中，很重要的一项工作是监督实际应对行动所产生的效应。在风险应对规划阶段，应该预测每个应对行动的效应，即采取应对行动之后预期出现的风险敞口变化。在实际实施应对措施之后，风险责任人或行动责任人要对实际效应进行评估，看看风险敞口是否发生了预期的变化。行动及其效应都要记入风险登记册。

9.4.3 把风险应对当作真正的工作

即便在风险过程中已经明确含有“应对措施实施”步骤，且已经指定了风险责任人和行动责任人，仍有可能发生风险瘫痪症。

如果人们把风险应对看作“附加工作”，只在完成了真正的工作之后才去做，那么就会出现上述情况。实施风险应对行动，本来就是真正的工作——为实现目标而必须开展的工作。因此，它们应当得到与其他工作的同等待遇。对每一种应对行动，都应充分定义，规定持续时间、资金预算、资源需求和完成标准。然后，应该把每一种应对行动都安排给既有能力又有时间的行动责任人去落实，并在工作计划中新增相应的工作任务。要如同其他任务一样，实施和完成这些新增任务，并考核和报告实施和完成情况。

9.4.4 正确开展定量风险分析

如果太多精力被用于定量风险分析，那么就发生了风险分析瘫痪症。对风险分析瘫痪症，需要采用另一种治疗方案。也许有人会说，答案是彻底不做定量风险分析。但是，解决误用或滥用的方案不是彻底不做，而是恰当地做。

我们必须认真思考应该如何开展定量风险分析，清楚地知道何时该做，何时又不该做。在需要开展定量风险分析时，我们要采用完整准确的分析模型，能够解读分析结果，能够根据分析结果采取行动，并且还要知道何时停止定量风险分析。

- 何时开展定量风险分析。并非每种情形都需要开展定量风险分析。如果风险敞口很低，或者，已经对风险有很好的理解，那么就没有必要开展定量风险分析。对于范围小、工期短和成本低的项目，也没有必要开展定量风险分析。通常，如果不具备必要的分析技能或预算支持，那也不必开展定量风险分析。定量风险分析最常用于：风险极大的情形，极其复杂的情形，对组织具有重大战略价值且风险很大的情形，或者规模巨大的资本投资项目。
- 保证高质量的输入数据。量化模型的可靠性取决于输入数据的可靠性。因此，应该注意收集能够真实反映不确定性程度的数据，还需要考虑直觉和认知偏差对估算准确性的影响。

在开展定量风险分析时，必须同时收集威胁和机会的输入数据。这一点很容易被忽视。如果只考虑威胁，那么这只是对潜在的不利风险进行模拟，也只能得出令人悲观的结果。既然风险管理要同时兼顾威胁和机会，那么也就要在定量风险分析中同时包括威胁和机会。事实上，如果不考虑机会，量化模型中的某些计算是根本无法进行的，例如，不同时考虑机会（得出最短工期）和威胁（得出最长工期），就无法用三点估算模型计算出期望工期。

- 使用适当的建模技术。建立简单的定量风险分析模型，是很容易的。但是，这种简单的模型往往不能反映已识别风险的实际复杂性。特别是，简单地对工期或成本取某个估算值，或者取三个估算值（应用于三点估算法），都是很不够的。应该采用更能反映现实情况的其他建模技术来提高分析结果的可靠性，包括各种输入数据分布（不局限于典型的三点估算分布，还有修正的三角分布、均匀分布、穗分布、离散分布或各种曲线）、随机分支（模拟替代逻辑和关键风险）和各要素相关性分析（又称为依赖关系分析）。
- 解读分析结果。定量风险分析会产出一系列的分析结果，包括累积概率分布函数（S 曲线）、临界值和临界值指数，以及敏感性分析结果（龙卷风图）。所有这些结果都必须得到解读。无法理解定量风险分析的结果并据此制订行动方案，这是造成风险分析瘫痪症的重要原因。

  要解读分析结果，就需要具备定量风险分析的能力，就需要使用具有合适技能和经验的风险专家。因此，在进行定量风险分析之前，就要确保具备定量分析的技能和经验，以便在得到分析结果之后，能够根据分析结果开展相关行动。

- 知道何时停止。如果为获得很小的改进而不断增加细节或优化模型，一次又一次开展分析，那么就陷入了无限循环，也就发生了风险分析瘫痪症。常见的情况是，第一次运行分析模型，只是为了测试和得到临时的结果。往往还需要在修正模型错误或增加额外数据之后，再进行一次或两次运行。重复开展风险分析，往往会呈现收益递减的规律，即每一次重复所得到的改进都会更小。除非获得了重要的新数据或分析环境发生了重大变化，否则没有必要使运行次数超过四次或五次。经常，运行两次就够了。

“风险瘫痪症”及其变种“风险分析瘫痪症”，都是非常危险的疾病。它们会使风险管理过程陷于无限循环，使风险得不到实质性管理。如果在识别并分析风险之后又不加以管理，那么前面的努力就白费了。更糟的是，管理者看不到风险管理的任何回报，就会失去对风险管理的兴趣，并把风险管理看作毫无价值的无聊游戏。

幸运的是，风险瘫痪症的治疗方案很简单。那就是，把风险管理过程延伸到末端，使其包括对合理且有效的应对措施的实施，使风险真正得到管理，并使风险管理真正为组织和项目创造价值。

第 10 章

风险失语症

“风险失语症”是指虽然意识到了风险的存在和重要性，却无法将其表达出来。这种病的最常见表现是，没有把风险信息传递给那些需要的人。在组织中，这种病很容易发生在与上级沟通方面。了解并试图管理风险的基层员工不愿意或不能够把风险信息传递给上级、老板、发起人、高级经理、客户或其他干系人。

风险失语症可能是彻底的，导致对风险信息的完全缄默。风险失语症也可能是局部的，如“风险语言障碍”——沟通风险信息时含糊不清、效率低下或表述不当。还有一种局部的风险失语症，是“选择性风险失语”，即具有正常表达能力的人在特定情形下或针对特定的人无法把风险表述出来。

虽然人们可能愿意与某些干系人沟通风险情况，但是他们也许不喜欢让全体干系人都了解风险情况。他们也许不愿意让老板或高级管理人员了解风险的全貌，因为担心自己显得无能；也许对雇主或客户隐瞒风险，因为担心自己的业绩看似不好；也许不愿意与同事分享风险信息，因为害怕相比之下自己就颜面无光。在选择性风险失语的情况下，焦虑和恐惧使得患者无法和特定的人沟通风险情况，或无法在特定的环境中沟通风险情况。

风险失语症的许多症状和治疗方案同样适用于局部风险失语症。

10.1 诊断和症状

正如生理性失语症一样，个人、团队或群体的风险失语症也很容易发现。

10.1.1 不与他人沟通风险情况

尽管有正常的风险管理过程，但风险失语症仍然导致人们不与直接关系圈之外的人沟通风险情况。因此，可用于诊断风险失语症的一种方法是，向组织中高一层级的人员询问一些与项目风险有关的问题。以下问题都有助于诊断：

- 哪些是会影响你的直接下级的主要风险？
- 直接下级最近一次向你提交风险报告，是在什么时候？

- 风险报告中列入那些你认为需要注意或处理的“真正风险”了吗？
- 有没有人提醒你注意或处理某个风险？

如果某个经理或高级干系人无法轻而易举地回答这些问题，那么其下级与他的沟通很可能是不充分的。

10.1.2 别人未听到风险信息

关于风险，员工可能感到高级管理者或干系人并未真正理解。在项目经理、工程师或供应商要求他们为管理紧急风险而提供支持或资源时，会经常出现这种情况。如果你一直对风险失语，未曾诚实、及时地向他们汇报风险情况，那么在你向他们寻求帮助时得不到很好的回答，也就不足为奇了。风险失语症导致员工不能与经理、发起人、雇主或干系人沟通风险情况，这就导致他们无法理解风险的严重性或重要性，从而导致他们无法给员工提供所需的帮助。

10.1.3 风险报告被束之高阁

大多数风险管理过程都会产生相应的输出，包括风险登记册、风险清单、风险报告、风险通报、风险仪表盘和风险指标。每种输出都是（或应该是）为了向特定的人传递特定的风险信息。风险失语症患者虽然会生成各种输出，却并不把它们传递给目标受众。他们只是把这些文件存放于档案库或知识库中，被动地等待别人来查阅，并不主动向有关人士分发这些文件。

10.1.4 风险报告未量身定制

并非每个人都在相同的时间，需要以相同方式和相同详细程度得到完全相同的信息。不幸的是，组织往往只编制一种或两种主要的风险文件，通常是风险登记册和某种叙述性风险报告。然后，把这两种报告发给所有干系人，或者，把它们放置在某个中心位置，供所有干系人查阅。

这种未经任何裁剪的风险报告方式，其实是风险失语症的变种。真正的风险失语症是完全不沟通风险情况。而用完全不变的格式提供有限的风险信息，则通常是“风险语言障碍”的表现。

10.2 预后和影响

风险失语症的诊断症状是很明显的，其影响也是很明显的。风险失语症的影响会逐级递增，越来越严重，如图 10-1 所示。

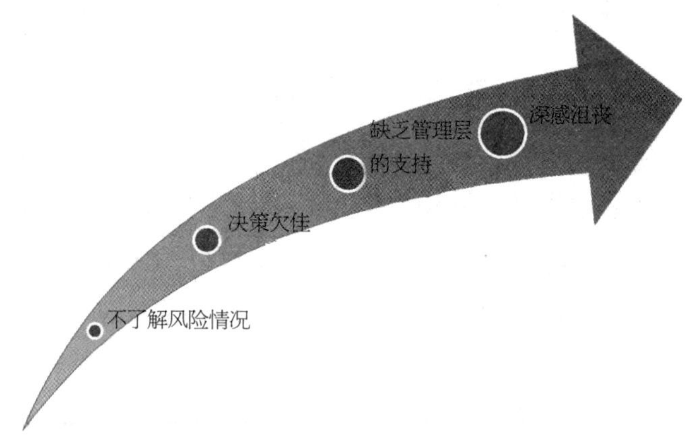

图 10-1 风险失语症的影响越来越严重

10.2.1 不了解风险情况

缺乏清晰的风险沟通，管理人员和其他干系人就无法了解所面临的真正风险。通常，某些会影响整个组织或其他外部干系人的风险，是由一线工作人员首先发现的。如果一线人员患有风险失语症，那么与这些风险有关的信息，就永远无法传达到那些需要了解它的人那里。管理人员不了解风险情况，就会导致风险失语症的第二个严重后果。

10.2.2 决策欠佳

如果不清楚所面临的风险，人们就只能在不知情的情况下进行决策，不会考虑到相关的风险。必须做出关键决策的情形，都有两个共同特点：很重要、高风险。如果是不重要的情形（如“我该穿黑袜子还是灰袜子呢？”），那么怎么决定都可以，甚至根本无需做出决定。如果是风险不大的情形，那么就不存在不确定性，最优方案是显而易见的，决策也就非常容易。可是，面对很重要且风险极大的情形，我们就需要充分的风险信息来确保做出最佳决策。

不幸的是，如果你所依靠的人是风险失语症患者，那么就不可能收到充分的风险信息，从而难以做出最佳决策。而决策不佳，就可能导致不适当的冒险——要么冒太多的风险，要么冒太少的风险。

10.2.3 缺乏管理层对风险管理的支持

如果管理层和其他干系人不能及时收到准确的风险信息，他们就很可能把风险管理看成是浪费时间和精力。既然风险管理不能为决策提供有用信息，那为什么要去做呢？这样一来，高级管理者就不再相信风险管理过程。他们会抛弃风险管理，对风险管理持反对态度，甚至直接阻止给风险管理分配资源。这就引发了风险失语症的最终恶果：深感沮丧。

10.2.4 深感沮丧

风险失语症患者经常因无法让别人听到自己的心声而深感沮丧。他们知道存在何种风险，也知道风险会对项目或组织产生怎样的影响，还知道不管理这些风险的后果——发生本可避免的威胁、失去本可利用的机会。他们更清楚有必要让别人了解风险情况，以便获得别人对管理这些风险的支持，或者别人能够对其职责范围内的风险采取应对行动。但是，风险失语症使他们无法传递自己所掌握的关键信息。因别人不知情而致使重要风险得不到有效管理，这当然会让风险失语症患者深感沮丧。

10.3 案例

在某家曾经高速发展的国际电信公司，风险失语症非常普遍。该公司只存在了不到 10 年时间，其主营业务是在发展中国家提供移动电话业务。尽管公司规模和国际影响已经较大，但公司仍保持着创业精神，在运营和管理方面都仍然采用小公司的做法。早期，公司没有采用任何风险管理过程，而是仅靠精神和决心克服种种挑战。

随着业务规模的扩大，许多管理系统已经无法满足要求。一些重要项目和项目集开始遭遇管理层认为本可预见或避免的问题，风险似乎已经开始失控。高层管理者逐渐看到了变革的必要性，并因此决定进行业务流程再造。

接着，公司采用了新的、更强大的风险管理过程，并以某些培训和工具辅之。起初，项目和项目集的绩效的确都有所好转。从提交给高层指导委员会的月度进展报告中可以看出，风险敞口已经稳定，一切都在掌控之中。后来，却突然出现了令人惊讶的情况。那些一直看似正常、正稳健奔向成功的项目集，突然暴露出一些严重的问题，包括需要更多资源、大量返工、工期严重拖延。曾经很有效的技术方案竟然变成了重大路障。管理层被搞糊涂了——问题怎么会如此突然地出现？风险管理过程原本应该对即将发生的问题进行预警，让他们能够积极主动地加以解决。

情况调查揭露出了一些有趣的现象。第一个现象是，项目和项目集团队完全清楚潜在的问题。工程师和项目经理们都清楚事情远没有看起来那么乐观，并且竭尽全力预防这些潜在问题的发生。但是，在向指导委员会写报告时，他们没有如实地写出这些潜在问题，不仅对真正的风险三缄其口，而且向高层管理人员保证一切都会很好。

第二个现象是，在提交给指导委员会的月度风险报告中，那个最大项目集的“五大顶级风险”竟然连续六个月没有任何变化。其中的每一项风险都被评定为有极大概率出现，且一旦发生将会对项目集的成功造成极其严重的负面影响。如果这五大风险同时发生，就会导致整个项目集失败，并使整个公司受到重创。在被问及这一点时，项目集团队成员表示他们其实知道真正的顶级风险已经发生变化，只是因不想给领导添乱而没有说出真实情况。

调查者也询问了指导委员会的成员：对于五大顶级风险长达六个月没

有任何变化，为什么不向项目集团队提出质疑？委员会成员的回答也同样说明了风险失语症的存在。从本质上讲，他们已经采取了“不许问、不许说”的做法。他们宁愿将头埋在沙子里，希望项目集团队能够默默地解决任何问题。

这个案例中有几种风险失语症的典型症状。项目集团队知道有哪些风险且全力以赴地试图解决，但并未把风险信息汇报给指导委员会。其结果必然是：项目集团队默默地凭一己之力解决问题；一旦解决不了，就会因惊动高层而深陷沮丧。

10.4 治疗方案

剧作家萧伯纳曾经说过，“沟通中的主要问题是误认为已经沟通了。”沟通是风险管理中的一个关键内容，也是个人和组织的常见薄弱环节。需要进行风险沟通的两大主要原因是：

- 为了提供信息和提醒注意。如果识别出的某些风险将对其他人有显著影响，那么我们就应该向他们提供关于这些风险的信息。还有，组织中的管理者和高层领导应当获悉风险信息，以便能够更有效地做出基于风险的决策。
- 为了让他人参与对风险的管理。公司某个业务或项目上的风险，可能需要其他业务或项目人员的积极参与，才能被有效管理。

人们可以借助风险管理过程，全方位地识别风险，客观地分析风险，并对每个风险制定良好的行动方案。但是，如果他们患有风险失语症，不告诉别人风险情况，那么也不可能取得多好的风险管理效果。

要适当地开展风险沟通，就必须采用结构化的方法。首先，识别出谁需要风险信息，并定义他们的信息需求。然后，把风险管理过程的成果裁剪成适合他们的需求。应该通过以下四个步骤来开展风险沟通：

（1）识别干系人。

（2）分析干系人的风险信息需求。

（3）设计合适的风险沟通计划。

（4）执行和审查风险沟通。

10.4.1　识别干系人

干系人是与项目有利益关系的任何人或任何一方。大多数干系人都有能力对项目施加一定的影响。如果已经做过干系人分析，那么就可以直接使用以前的结果，或者借用以前的某个标准分析框架来做新的分析。例如，借用“干系人立方体”[①]对每个干系人进行三维评定：

- 在项目上的利益程度，分为正面（＋）和负面（－）。
- 影响项目的能力，分为影响大（＋）和影响小（－）。
- 对项目的态度，分为支持（＋）和反对（－）。

用这个方法，就可以形成一个干系人位置三维立方体[②]。可以用该立方

---

① Hillson David, Simon Peter. Practical Project Risk Management: The ATOM Methodology[M]. 2nd ed. Tysons Corner, VA: Management Concepts, 2012.

② 同上

体来确定每一个干系人实际所处的位置。

10.4.2 分析干系人的风险信息需求

根据每组干系人在项目上的利益，确定他们对风险信息的需求。为了做到这一点，应该问以下问题：

- 他们需要什么风险信息？
- 他们将如何使用风险信息？
- 应详细和准确到何种程度？
- 风险信息必须在什么时间提供？
- 允许延误多长时间？
- 多久更新一次风险信息？
- 信息应该如何传递？

分析干系人所需要的信息内容及传递方式，并规定相关人员对于信息生成和传递的职责：

- 内容。可能需要间隔不同时间，以不同的详细程度生成各种各样的风险报告。尽可能把风险报告设计成不同层次的，以提高风险报告编制的效率，减轻风险报告编制的工作量。高层次的报告应该是对低层次报告的概括。
- 传递方式。识别出各种可用的风险信息传递方式，并针对每个干系人选定最合适的方式。传递方式可以包括：纸质的书面报告、电子的书面报告（电子邮件、内联网、互联网、可访问数据库）、口头报告（汇报、陈述、进展会议）及图形或数据（表格、图形、海报）。
- 职责。对于每一项信息内容，都必须明确规定谁来生成、谁来审批。

可能还需要规定谁应该参与内容的生成，谁应该了解所生成的内容。

最后，还需要考虑“时间”，搞清楚将在什么时间向干系人提供信息。如果干系人太晚得到正确的信息，那就毫无意义了。在典型的风险管理过程中，报告风险往往是最后的步骤之一。但是，在实际工作中，风险信息往往是逐渐增加的。我们应该先在风险管理过程的早期编制并发布初步的风险报告，而不必等到所有细节都具备。然后，随着信息的增加，再重新编制和发布更详细的风险报告。

分析干系人的信息需求之后，把分析结果记录在“干系人风险信息需求分析表”中，如表 10-1 所示。

表 10-1　干系人风险信息需求分析表

干系人	利益	所需信息	目的	频率	格式
项目发起人	实现商业需求	项目状态概述	项目监督	月度	两页纸质报告
		风险状态概述	管理关键风险	月度	两页纸质报告
		项目管控之外的问题	协助项目经理解决问题	立即	口头报告加电子邮件

10.4.3　设计合适的风险沟通

在知道了干系人的风险信息需求之后，就要对风险过程所生成的各种输出进行整理，形成能够满足干系人需求的风险信息。仅把原始的风险登记册发给干系人，或者让干系人查看原始的风险登记册，这都是不合适的。风险过程通常会生成以下输出：

- 风险登记册。
- “顶级风险”清单。
- 待向上级汇报的个别风险和汇总风险。
- 待授权处理的风险。
- 风险分布情况。
- 风险指标和发展趋势。

应该对这些输出进行汇总整理，形成一个量身定制的信息包，如某种形式的风险报告，并发给干系人。既然不同干系人所需的信息详细程度有很大不同，因此需要编制以下三种层次的风险报告：

- 风险清单。这是最简单的风险报告。仅列出已经识别的风险，以及根据概率和影响所做的风险排序。也许可以仅列出当前处于活跃状态的风险。可以分别对威胁和机会编制风险清单，也可以把它们同时包括在一份风险清单中。
- 概要风险报告。首先，用可执行概要来简述总体风险情况。其次，对关键风险的细节进行描述，包括主要特征和拟采取的应对措施。对其他风险，则不必详细描述，只需要用图表加以概述。还要概述自上份报告以后的主要变化。最后，要以结论和建议结尾。在这一部分，总结当前的风险情况，以及为控制风险敞口所需的进一步行动。
- 详细风险报告。这种报告会包含所有已识别风险的全部细节和分析结果，并有相应附件。应该以简明的可执行概要开始，然后概述总体风险状况。接着，描述当前风险，指出顶级威胁和机会。应该陈述对已识别的单个风险的详细分析，并讨论它们自上份报告以来的状态变化。还应该列出在本报告期新识别出的风险。还要展示并讨论风险的分布数据，指出常见的风险来源、项目中的风险热点等。

如果已经做了定量风险分析，那么还应该包括定量分析的结果以及对结果的讨论，此外还需发现并讨论关键的风险主题和风险发展趋势。详细风险报告应该以详尽的结论和建议结尾。相关支持材料，可放在附件中。

10.4.4　执行和审查风险沟通

应该书面记录经协商一致的风险沟通策略，并付诸执行，按事先制订的计划向干系人传递风险信息。经过一个或两个周期的风险沟通后，应该与关键干系人一起审查沟通过程的有效性，核实他们的信息需求是否已经得到满足，确认是否需要进行调整。因为干系人的风险信息需求可能随时间推移而改变，所以应该定期对风险沟通过程进行审查。应该制订定期审查的计划。

对所有相关方而言，风险失语症都是很有害的。虽然患者知道风险的存在，但因各种原因而无法告知别人。这样一来，他们就不可能获得别人的支持，从而不能有效管理风险。他们了解风险的重要性，却无法向别人求助。

其他人也会深受失语症之害。他们失去了对风险的知情权，只能眼睁睁地看着本可避免的威胁演变成问题，目睹本可利用的机会白白流失。

风险失语症必然导致无效的风险管理。幸运的是，治疗方法很简单。通过遵循结构化的沟通策略，根据受众的需求选择风险信息，并努力在正确的时间以正确的方式向正确的人传递正确的信息，风险失语症患者就能够逐渐康复。

第 11 章

风险健忘症

“风险健忘症”是指完全遗忘以前的风险经历。患者可以是个人、群体、项目团队抑或整个组织。如果个人或群体没有意识到当前的风险与以前所遇风险的相关性，而是把当前的所有风险都看作全新的，那么就患了风险健忘症。这意味着在评估和管理风险时，每次都要完全从零开始。这种病有时也称作“存在风险盲点”。

讨论风险时，人们经常谈及“已知未知风险”与“未知未知风险”的区别。前者是指可以被描述和管理的风险，而后者是指当前尚未理解的不确定性。美国前国防部长唐纳德·拉姆斯菲尔德就此曾发表过著名的言论。在 2002 年 2 月的一次关于伊拉克战争的记者招待会上，有记者说，有报告显示没有证据表明伊拉克已经尝试或愿意向恐怖分子提供大规模杀伤性武器。拉姆斯菲尔德回答道，“那些声称某事没有发生的报告，总是很有趣的。我们知道世间存在已知已知事情，即我们知道我们知道的事情。也存在已知未知事情，即我们知道我们不知道的事情。但是，还存在未知未知事情，即我们不知道我们不知道的事情。”

虽然当时这一言论遭人讥笑，但是仔细体会一下，就会发现拉姆斯菲尔德的言论句句在理。他并非第一个指出知识和意识之间的联系的人。孔子就曾经说过，“知之为知之，不知为不知，是知也。”

拉姆斯菲尔德和孔子的意思，用图形更容易表达。图 11-1 是一个二阶表格，反映了知识和意识之间的四种联系。左上象限是已知未知——因意识到缺乏知识而产生的风险。左下象限是未知未知——因完全不清楚所面对的情况而产生的不确定性。右上象限是确定性——我们完全知道自己知道什么，它们是我们拥有完全信心的事情。

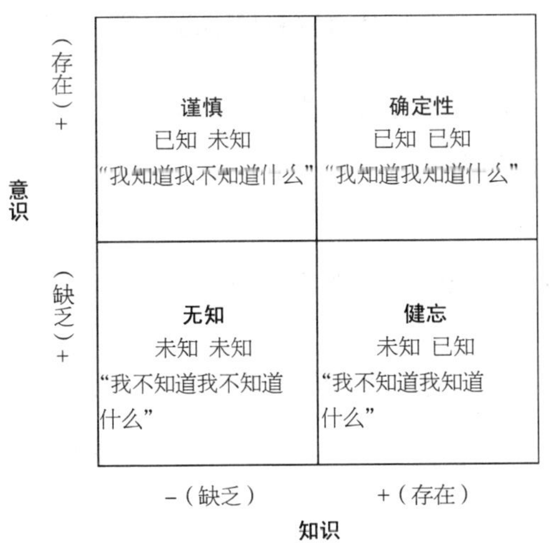

图 11-1 知识和意识

这三个区域应当区别对待：

- 对已知已知，要加以利用。充分利用已知已知事情，做出有理有据的决策，并采取恰当行动。
- 对已知未知，要加以探索。尽力理解已知的知识匮乏和不足之处。
- 对未知未知，只能通过实验或经验去处理，以期同时增长知识和意识，进而缩小危险区域。

人们对第四象限的理解相对较少。图 11-1 右下象限是未知已知区域，包含我们不知道自己知道的内容。如何挖掘出我们已有的隐秘知识并加以有效利用？这是风险健忘症患者必须面对的挑战。

11.1　诊断和症状

可以通过以下两大主要症状来诊断风险健忘症：

- 未经管控的风险不断重复发生。
- 缺乏用以创造和保持记忆的系统性机制。

11.1.1　未经管控的风险不断重复发生

患风险健忘症的个人、项目团队和组织都有一个明显症状：未经管控的风险导致不幸情形不断重复出现。相同的威胁反复出现、演变成问题，相同的机会一次又一次错失。

西班牙讽刺作家乔治·桑塔亚纳于 1905 年写道，“不吸取前车之鉴，必将重蹈覆辙。”他的说法与 18 世纪德国哲学家黑格尔的完全吻合。黑格尔曾提醒我们说，“我们从历史中吸取的唯一教训是人们从未吸取教训。”他们的说法同样适用于风险管理世界。经常可以听到高级经理或项目团队抱怨说，“相同的风险一直在发生。”这种情形可以用风险医生箴言予以概括：

风险出现一次，是可以理解的；

同样的风险出现两次，那是很不幸的；

同样的风险出现三次，那就是不可理喻的。

虽然上述箴言仅适用于负面风险或威胁，但是类似的道理也适用于积极风险或机会。错过一次机会是可以理解的，但不应该再次错过同样的机会。

当然，因为风险的本质即为不确定性，所以即便最有能力的人也不能确保避免那些本可避免的威胁，也不能确保抓住那些本应抓住的机会。如果在实施了全面的风险管理之后，某个威胁还是发生了，或某个机会还是失去了，这也是可以理解的。如果再次发生同样的事情，那也可能仅仅是运气差，不一定就是管理不善。但是，如果第三次发生相同的威胁或错失相同的机会，那就肯定是管理出现了问题。

组织或项目也许存在某种系统性缺陷。例如，个人或群体存在某个盲区，导致他们总是无法看到某种特定风险；某种常规程序存在某种瑕疵，以至于每次执行都带来相同的风险。无论导致系统性缺陷的直接原因是什么，深层原因都是相同的，那就是风险健忘症。如果个人、项目或组织第一次就学会了如何处理可控威胁或可行机会，那么也许就能够避免事情的重复发生。如果个人、群体和组织都有良好的“风险记忆”，那么先前的不好经历或许就不会再次发生。

11.1.2 缺乏组织记忆

如何建立风险记忆？在项目层面上，可通过项目后评价建立风险记忆。组织之所以要做项目，至少有以下两个理由：

（1）创造项目可交付成果，以实现项目章程或商业论证中规定的利益和价值。

（2）促进组织学习。

不幸的是，许多组织都不重视上述第二个方面，甚至包括那些经常做项目的组织。这些组织也因此失去了本可获得的巨大利益。

虽然每一个项目都是独特的，但是以前的项目和新项目之间又有诸多共同之处。项目后评价是要用结构化的方法，总结以前项目的经验教训，供以后项目借鉴。然而，在许多项目上，项目后评价却是项目生命周期中做得最差的环节之一。其原因至少包括以下四个：

- 组织往往在项目结束时立即解散项目团队，将员工派往新项目。这就使项目团队没有时间以可行的结构化方法去总结知识和经验。
- 项目后评价不能惠及业已完成的项目，项目团队或管理层可能缺乏帮助后人的利他精神。
- 在成本有限的情况下，项目后评价常被视为可有可无的奢侈品。如果组织是向客户收取项目经费的，尤为如此。客户可能拒绝支付项目后评价费用，而组织也不愿意从管理费中开支后评价费用。

- 许多组织都缺乏必要的知识管理基础设施，从而无法利用过去的经验教训。既然过去的经验教训永远不会被使用，那当然就没有必要记录了。

不开展项目后评价，组织就无法记住已完成项目的经验教训，也就无法从过去的经验教训中获益，就会增加未来犯同样错误的可能性。

在组织层面上，风险健忘症也有很大危害。在整个组织层面的经验教训总结，是通过战略审查实现的。战略审查是整体战略规划周期中的一项工作。学习型组织在设定未来目标时，都会很认真地回顾过去的表现。缺乏“后视镜”，是风险健忘症的明显特征。患风险健忘症的组织会一直奋勇向前，而不会回头看看早已具有的经验教训。组织记忆的缺乏必将导致决策欠佳和战略不当。

11.2　预后和影响

如果得不到治疗，风险健忘症可能造成一些不利后果。风险健忘症的有些后果与风险失明症类似。风险失明症患者无法看到当前的风险，而风险健忘症患者则是忘记了过去的风险（以后还可能发生的）。它们都会直接影响组织和项目有效识别和处理风险的能力。

然而，与风险失明症相比，风险健忘症还会造成三个特殊的不利后果。

11.2.1 无用功

缺乏风险记忆的首要影响，是必须花时间和精力去应对重复发生的相同风险。如果知道当前情形与以前曾经面对的情形具有相似性，组织或项目也许能够采取实际行动，从而避免常见威胁或利用常见机会。如果缺乏风险记忆，组织或项目每次都不得不“重复发明轮子”，完全从头开始考虑应对每一个风险的方法。

11.2.2 有限的风险识别

在项目或组织中反复出现同样的风险，这种规律性会阻碍人们识别与当前工作有关的其他风险。负责识别和管理风险的人，可能因为相信自己已经知道哪些风险将会发生，就不去创造性地思考和识别新风险。他们也可能认为应对这些反复出现的风险已经足够忙了，因而就没有时间应对其他风险。这会导致自满情绪或宿命论，妨碍风险识别的有效开展。

11.2.3 怀疑论

在组织或项目团队反复遭遇同样的风险之后，他们会把风险管理过程视为浪费时间和精力。既然同样的威胁会反复出现，同样的机会会不断错失，那何必还煞费苦心地参加风险研讨会、编制风险登记册、评估风险或制定并实施对策呢？既然有证据显示风险管理过程是无效的，那就没有必要使用，还不如把资源用于风险发生后的应急和恢复。究竟会发生什么，好像都是取决于运气的好坏，而非管理的好坏。由于缺少对以前风险的组织记忆，风险健忘症患者无从明白他们本可预料到类似的事情会再次发生，他们这次本可更好地应对风险。

11.3　案例

风险健忘症在组织和项目中很常见，部分原因是大多数基于项目的组织都没有把项目后评价当成项目管理中的一项日常工作。没有吸取经验教训的正式方式，就不可能创造和保持组织记忆。这一点也适用于整个组织层面。组织很少开展战略审查，在不总结过去的经验教训的情况下就盲目地向前看。

11.3.1　风险复发的药物研发项目

某个全球大型制药公司，决定加强研发项目的风险管理能力。公司的项目管理负责人在初始规划会议上指出：他正在寻求帮助，因为“我们的药品研发项目总是发生相同的风险”。这种坦白令人震惊。其实，该公司已经有一定的方法来总结以前的经验教训，确保不犯同样的错误。

经过仔细检查，发现了这个问题：项目经理及其团队在识别风险的过程中，根本不去查看以前类似项目的资料，而是完全从一张白纸开始，进行头脑风暴，探讨各种威胁和机会。他们完全不去利用过去积累的知识。

把一些类似项目的风险登记册进行比较，就发现：虽然每个项目团队都独立地识别出了一些相同的风险，但是较早的风险登记册中的许多风险并未被列入后期项目的风险登记册。结果导致那些本可发现并避免的威胁发生，本可利用的机会没有被抓住。

假如组织用更好的方法来保存和分享相关知识和经验，那么项目经理及其团队就会知晓这些以前发生过的风险。不幸的是，风险健忘症使他们不断重蹈覆辙。

11.3.2 总是预期同样风险的政府机构

英国的某政府机构负责将国家彩票基金分配到各项公益事业和各慈善机构。政府要求该机构对所有项目都进行严格的风险管理，确保公共资金得到妥善管理和使用。

该机构的某位高级经理曾说，他每次参加风险识别会，都会带上预先写好的风险便利贴，因为他已经“预先知道”哪些风险会影响到每一个项目。他喜欢与项目团队分享这个“智慧”，他总是找出过去的便利贴，带到下一个项目的风险识别会议上。他确信该项目也面临这些同样的风险。他说，他从不需要在识别会之前做准备，因为“每个人都知道存在哪些风险”。项目团队对他马首是瞻，在风险识别过程中不做任何独创性思考。

不幸的是，这个方法存在严重缺陷，导致该机构资助的大量项目表现欠佳。这些项目受到了事先未识别出来的风险的影响。显然，每个项目的风险是不尽相同的。

如果这位高级经理能够识别出在每个项目上或每个情形中都会发生某个“风险”，那么他应该怀疑它是不是真正的风险。风险是不确定的，可能发生，也可能不发生。如果某件事肯定会发生，那它就没有不确定性，也就不是风险。那些总是发生的所谓“风险”，应该被当作“问题”，用标准的问题解决程序加以处理。

同样地，如果发现项目正在受高级经理便利贴之外的风险的影响，项目团队需要把这些风险记进风险登记册，并把相关信息传递给未来的项目。那位高级经理至少应该增加一些新的便利贴。

11.4 治疗方案

患风险健忘症的个人、项目和组织经常重蹈覆辙，让同样的威胁不断重现，或同样的机会不断错失。风险健忘症患者肯定需要治疗。因此，我们务必努力成为学习型个人和组织，弄清周围正在发生的事情，并吸取过去的经验教训来改进未来。就风险而言，成为学习型个人和组织尤为重要，因为风险是我们尚有机会主动处理的、还未发生的事件或条件。

11.4.1 在风险过程中包括经验教训总结

因为在风险管理过程中缺失“总结风险经验教训”这个环节，所以组织和项目经常忘记先前的风险经历。这一点很容易弥补。

在组织层面上，可以把“总结风险经验教训”作为战略审查中的一项议程——既可以在常规的战略规划周期中开展，也可以在编制给股东的年度报告时开展，还可以把“总结风险经验教训”作为公司治理中的一项必须开展的工作。在项目层面上，应该把“总结风险经验教训”作为项目后评价中的一项议程。如果组织通常不总结以前项目的经验教训，那么可能需要采取更广泛的行动，在所有项目上都建立项目后评价制度。当然，项目后评价的做法应该因项目的类型和规模而有所不同。对复杂的大型项目，需要开展全面的项目后评价；对简单的小型项目，则只需要开展简单的项目后评价。

即便组织并没有把项目后评价或战略审查作为一种常规实践，我们也应该专门针对风险管理来开展相关审查，总结风险管理的经验教训。这样一来，我们至少可以用结构化的方法系统地学习以往项目的风险管理经验教训。

11.4.2 应用知识管理系统

项目后评价理应成为项目管理过程中的一个关键部分，战略审查过程理应对战略决策和管理发挥作用。同样地，理应记录与风险相关的经验教训，以便积累可重复利用的知识和经验，支持未来的风险管理工作。如果已经总结出的经验教训从来不被使用，那么风险管理过程中的“总结风险经验教训”环节也就毫无意义。为了确保避免常见威胁、抓住常见机会，就必须对与风险相关的经验教训进行有效管理。

必须建立结构化的风险知识管理系统，用于收集和传播风险管理的经验教训，把经验教训应用于组织及其项目。最理想的情况是，这个系统是更大的组织级知识管理系统的一部分。即便没有组织级知识管理系统，也应该建立一个专门的风险知识库，用于存储和检索风险管理的经验教训。只要结构合理，简单的数据库就能够起到很好的作用。合理的关键词，对于为特定目的而筛选和搜索风险管理经验教训，是非常有用的。

可以使用风险分解结构，根据风险的根源，对风险经验教训进行归类。也可以根据影响类型、产品或项目类型、业务领域等，对风险经验教训进行归类。风险知识库的设计应当考虑未来用户查询的需要。

11.4.3 利用经验教训

仅仅总结出经验教训并存储在知识库中，还是很不够的，还要把这些经验教训应用于整个组织及其所属项目，以便消除风险健忘症的影响，提升未来业绩。

> 应该利用“已知已知”，探索“已知未知”，并通过实验或经验去处理“未知未知”，从而提高我们的知识和意识。也应该主动处理风险健忘症引起的“未知已知”。“未知已知”是从过去的经历中积累但尚未显现出来的知识、智慧和见解。我们应该挖掘出“未知已知”，并充分利用它们来改进未来的绩效。这就要求我们总结以往的经验教训，并且铭记这些经验教训。
>
> 不幸的是，大多数组织的风险管理过程中都缺失“总结风险经验教训”这一环节。既然没有明确规定必须通过总结经验教训来建立和保持风险记忆，那么如此多的组织患有风险健忘症，也就不足为奇了。

第 12 章

实现和保持风险管理健康

在英国医学院的标准试卷中，有这样一道试题：“健康不只是没有疾病，请讨论。”同理，和平不只是没有战争；幸福不只是没有悲伤。仅仅确保没有疾病，并不能就获得健康。早在 1946 年，世界卫生组织就在其章程的前言中指出，“健康不只是没有疾病，而是在生理、心理和社交等方面都处于完好状态”。

我们已经讨论了会影响个人、项目团队和组织的十种常见风险疾病，提出了有效的治疗方案。大多数读者都患有其中至少一种风险疾病，甚至患多种风险疾病。许多读者都需要努力治疗风险疾病，克服风险疾病的后果。前文所述的治疗方案都已经被验证有效，有助于你和所在组织从相应的风险疾病中康复。

但是，在风险竞技场中，健康也不只是没有疾病。仅仅诊断并治疗项目和组织中的风险疾病，还是很不够的。我们还需要主动改进健康状况，获得风险管理的完好状态。

临床医学界已经提出许多有利于保持健康的策略和技巧，包括良好的营养、规则的运动、充足的睡眠和休息、良好的人际关系、心理和生理放松、情绪表达等。这些策略和技巧都应该包括在我们的健康生活方式中，成为我们日常生活的一部分。我们应该养成良好的生活习惯，保持强壮、完好的身体，使自己能够预防疾病的发生。

在项目和组织中，我们应该如何实现健康的风险管理、预防未来的风险疾病呢？可以采取以下五种策略来确保“风险管理健康”：

- 建立成熟的组织风险文化。
- 展现明确的风险领导力。
- 不断提升风险管理能力。
- 确保有意识的学习。
- 保持良好的势头。

虽然不可能凭上述任何一种策略就实现项目或组织的风险管理健康，但是联合使用这五种策略，就足以建立强大、健康的风险管理方法；特别是，如果你已经把它们融入“风险生活方式”，它们已经成为日常风险管理实践的一部分。

12.1 建立成熟的组织风险文化

这个策略旨在确保风险管理成为组织文化的一部分，把风险管理从上到下地普及到组织的每一个角落，把风险管理真正“植入”组织，把风险管理融入我们的思维，使风险管理成为我们进行角色定位时必须考虑的因素。现在，太常见的情况是，把风险管理看作可做可不做的附加工作。

文化是拥有共同目的的一群人所共享的价值观、信念和见解，是该群体中所有层次的行为的关键决定因素。针对风险管理，我们应该致力于在组织中建立成熟的风险文化，其中包括关于风险的价值观、信念、知识和见解。

建立和保持强大、积极的风险文化，是很重要的，因为风险文化对治理和合规、组织业绩，以及风险管理的有效性，都有很大影响。风险文化会在很大程度上决定人们的风险思维、风险态度和风险应对行动。不良或不成熟的风险文化会引导一个群体冒太多或太少的风险。因此，必须充分了解现行的风险文化，并采取措施对其做必要的变革。

在整个组织层面及更低的层面（如部门或项目层面），风险文化都会以下列方式影响风险管理：

- 风险文化影响风险胃口，包括进行战略和战术决策时冒多大的风险。
- 风险文化影响风险态度，决定个人和群体如何看待一个被认为有风险的重要情形。
- 风险文化影响目标和战略的设定，决定决策者如何在不确定性环境中选择最优的行动方案。
- 风险文化影响安全地冒正确风险的能力，因为它能影响风险政策、程序和实践的有效性。

- 风险文化能够防止对错误行为的宽容，例如领导者发布关于可接受风险程度的混乱指示。

组织应该通过以下步骤来改进风险文化。

第一步：评估现行的风险文化（我们现处何处）。

第二步：定义理想的风险文化（我们想去哪里）。

第三步：分析差距（需要改变什么）。

第四步：设计和实施风险文化变革计划。

第五步（重复第一步）：评估风险文化的变化。

虽然可以用描述性语言笼统地诊断和分析风险文化，但是采用某种结构化的框架，可能更加有效。例如，风险管理协会开发的“风险文化模型”，其中列出了可用于测量组织或群体风险文化的八个关键指标。可以基于这个模型，开展自我评价问卷调查或结构化访谈和审计，从而诊断和分析组织或群体的风险文化状况。这样，就可以发现现行风险文化中的优势和劣势，并据此设计和实施文化变革计划。

12.2 展现明确的风险领导力

领导者应该对确保所在组织或部门能够有效地管理风险发挥重要作用。组织的 CEO 和高级管理团队应该为整个组织的风险管理定好基调。在组织的各个层级，领导者都应该鼓励他们的团队采用健康的风险管理方法。

“风险领导力”旨在创建有助于风险管理取得成功的环境。风险领导力与风险管理之间的主要区别，概括如表 12-1 所示。

表 12-1　风险领导力与风险管理

风险领导力	风险管理
战略定位：为什么	战术过程：什么和怎样
创建愿景、承诺、活力	创建可交付成果：风险登记册、报告等
促进组织文化的发展	促进更大目标的实现

下列方法有助于为管理风险创建健康的环境：

（1）命令。必须坚持采用结构化的风险管理过程。如果所在组织已有风险管理过程，就要求大家严格遵守。

（2）简化。风险管理不必是复杂的。在确保效果的前提下，尽可能简化风险管理过程。风险会议要简短、聚焦。只收集将来打算使用的信息。

（3）规范。告诉团队风险管理是必须做的事，而非可做可不做的附加工作。因为任何业务和项目都有风险，所以必须把风险管理全面融入我们的思维和行动。要如同对其他工作一样，对风险应对工作进行规划和审查。

（4）示范。你必须以身作则，成为团队的模范。如果你很认真地识别和管理风险，那么团队成员就会以你为榜样。

（5）使用。如果书面的风险报告不被使用，那么团队会认为风险管理并不重要。如果你根据风险信息来调整方向和战略，人们就会看到他们的风险管理工作的确是有用的。

（6）更新。如果从不更新风险登记册，或者从不审查和监督已制定的风险应对措施，那么这些文件很快就会过时，变得毫无用途。你必须要求团队不断更新对风险的评估。这样一来，你也就强调了风险过程的重要性。

（7）庆祝。注意发现风险管理的成效，如已经避免了某个威胁的发生，或已经把某个机会变成了实际利益。记录每一个成功，并告知人们。用成功孕育成功。

（8）推动。寻求高级管理人员对风险管理的支持和认同。如果老板经常需要风险信息来支持决策制定，那么团队就会知道风险管理真的很重要。

你也许不可能使用上述全部方法。不过，你应该选择其中最适合的三种或四种方法，来提升风险领导力。联合使用这些方法，比只使用单个方法，会更加有效。

12.3　不断提升风险管理能力

成长，是任何健康有机体必备的特征。我们应该确保组织或项目的风险管理能力不断改进。应该借助结构化的改进举措，通过实施一系列步骤，来达到这一目的，如图 12-1 所示。

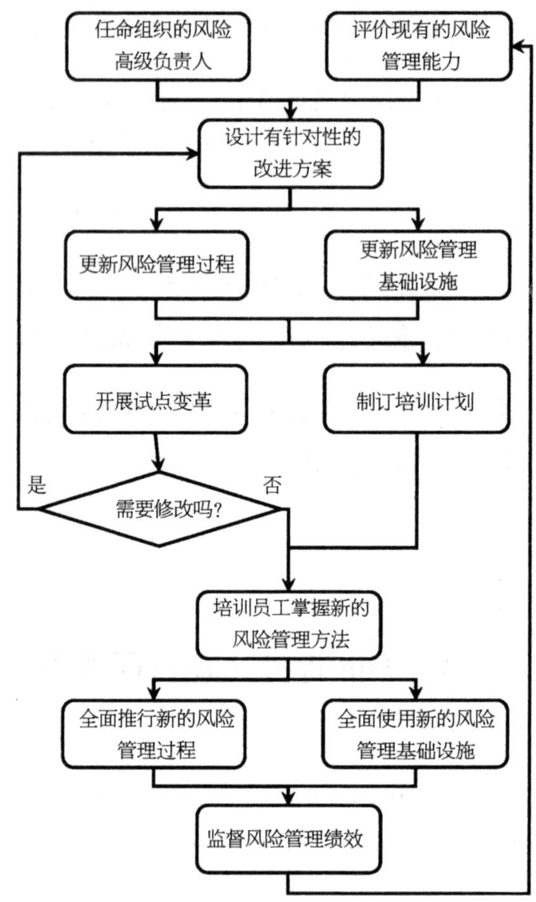

图 12-1　**结构化的风险管理改进举措**

12.3.1　任命组织的风险高级负责人

第一步是任命一位高级负责人领导风险管理改进工作。最好由经验丰富且广受尊敬的高级经理来担任。高级负责人必须：

- 具备一定的风险管理实用知识，能明确看到风险管理在组织中的重要地位。

- 能够投入时间和精力，与其他人一起，推动组织有效地开展风险管理。
- 有一定的职权决定和实施所需的变革。
- 有能力发动各层级的员工支持和参与改进工作。

应该在组织中广为宣传对高级负责人的任命，使大家都知道对该负责人的要求，以及对自己的要求。

12.3.2 评价现有的风险管理能力

这一步旨在使我们知道改进工作的出发点在哪里。通常采用以下三种标杆对照的方法来评价现有的风险管理能力：

- 把现行的风险管理做法与相关的国际风险管理标准进行比较，如 ISO 31000: 2009《风险管理：原则和指南》，风险管理协会的《风险管理标准》，PMI 的《项目风险管理实践标准》，APM 的《项目风险分析和管理指南》。
- 把我们的风险过程与本行业竞争组织的最佳实践，或其他行业最佳组织的最佳实践进行比较。
- 采用公认的成熟度模型来评价我们的风险管理能力，例如，风险医生事务所的“风险成熟度模型”（RMM），国际合同与商务管理协会的“商业风险管理成熟度模型”（BRM3），欧洲质量管理基金会的“风险管理框架”。每一种模型中都有从低到高的一系列能力层次。我们可以据此确定所在组织或项目现有的能力层次，发现相应的优势和劣势。

12.3.3 设计有针对性的改进方案

一旦了解了现行风险管理方法的优势和劣势，我们就可以设计有针对性的改进方案，来弥补劣势、加强优势。在改进方案中，应该有具体的进展测量指标和成功测量指标，以便把风险管理能力的改进可视化。应该把整个改进方案分成多个阶段，以便在阶段结束点测量改进的情况。这也是一种很好的做法。

12.3.4 更新风险管理过程和基础设施，制订培训计划

应该根据一致同意的改进方案，更新风险管理过程的相关方面。可能还需要更新风险工具、模板和软件，把风险基础设施升级到最新的技术水平。应该制订专门的培训计划，培训员工用新方法去管理风险。培训可以分成多个不同的层次。例如，对于高级管理人员，召开简短的通气会；对于部门和职能经理，举办稍长的介绍会；对于项目团队和运营人员，则举办全面的培训班。如果组织或项目中已经设置专门的风险管理人员（如风险经理、项目风险管理员），那么也需要对他们进行技能更新培训，使他们有能力采用新的风险管理方法。

12.3.5 对新方法进行试点并做必要调整

如果改进方案将引起风险管理方法的显著变化，那就应该先对新方法进行试点，看看它是否能够起到预期的作用。如果发现了问题，就应该调整风险管理过程或基础设施，并对培训计划做必要修改。

12.3.6　培训员工并全面推行新方法

一旦新的风险管理方法最终定稿，就可以在整个组织中推广了。当然，需要培训员工掌握新的风险管理方法。应该与所有受影响的干系人进行有效沟通，包括客户、高级管理人员、项目团队和供应商。

12.3.7　监督风险管理绩效，然后重新评价风险管理能力

应该使用改进方案中规定的绩效测量指标和成功测量指标，认真监督实施新方法的结果。在监督过程中，发现和记录需要进一步改进的地方。在新方法实施一年或两年后，可以使用原来的标杆对照方法，重新评价风险管理能力，考察能力改进情况。然后，组织可能又决定开始新一轮改进。这样，就可以持续改进，不断提高风险管理的成熟度。

12.4　确保有意识的学习

虽然学习是持续改进的内在组成部分，但是在风险管理中，人们又经常不能有效地学习。在一个健康的风险管理方法中，一定会留出空间和时间，用于反思和审查，以便用过去的经验教训造福未来。

应该在项目生命周期或业务生命周期中，定期举行风险管理经验教训总结会，以便发现所需的改进，并加强现有的优势。用风险分解结构作为基本框架来总结经验教训，这是一种良好的做法。这样，就能够确保把全部的风险来源都列入总结的范围。对于风险分解结构中的每个要素，都应该问以下问题：

- 已识别的主要风险是什么（包括威胁和机会）？其中存在可能影响未来类似项目或业务的普适性风险吗？
- 哪些可预见的威胁实际已经发生了？为什么会发生？哪些已识别并本可抓住的机会已经错失了？为什么会错失？
- 已发生的哪些问题本应该作为威胁被识别出来？已发生的哪些利益本应该作为机会被识别出来？
- 本应采取哪些预防行动来减轻或避免威胁？本应采取哪些积极行动来提高或利用机会？
- 哪些应对措施是有效的？哪些又是无效的？
- 已经在风险过程上花了多少精力（包括开展风险过程和实施应对措施）？
- 风险过程产出了哪些具体的利益（如工期缩短、成本降低、商业利益提高、客户满意度提升）？

总结经验教训，可以得到以下结果：

- 在未来类似项目或业务中可能发生的普适性风险(包括威胁和机会)。
- 被证明有效的应对措施和行动，将来应该被优先考虑。
- 已经采取但无效的应对措施和行动，故应该被剔除。
- 风险过程中特别有效或无效的环节，以及本可用于克服或改进无效环节的方法，包括使用各种工具和技术的技巧。

应该基于上述结果编写各种经验教训总结报告。在总结报告中，通常要对下列一个或几个方面提出建议：

- 应添加到组织的风险核对单的风险，供未来类似项目或业务的风险识别参考。

- 对组织中通用的风险分解结构的修改（如果已发现一些现行风险分解结构中没有包括的风险）。
- 应列入未来类似情形处理策略中的积极和预防行动，供以后应对同类风险参考。
- 为提高有效性而对风险过程的修改，既可以是对工具和技术的修改，也可以是增加标准化模板。

此外，也许还可以计算风险管理的投资回报，即比较开展风险管理所花的成本和所获得的额外价值。

12.5　保持良好的势头

健康是一种状态，而不是终点。所以，必须不断地维护健康，否则就会衰退。保持健康具有很大的挑战性。就像是站在一个下行扶梯上，站立不动就是下降。

在组织中建立健康的“风险生活方式”，这不是一个很小的挑战，无法在短时间内完成。它并非仅通过寻找技术、送员工参加培训、购买软件和使用软件等就可以完成的。风险管理能力，从最低到最高，是一个很大的区间。可以是只针对具体项目非正式地偶然使用某些风险管理技术，也可以是广泛地正式使用许多风险管理技术，还可以是已经建立了主动管理不确定性的风险文化。

一旦个人、团队或组织已经达到了风险管理健康，就应该采取下列行动来保持健康状况：

- 确保高级管理人员对风险管理的持续承诺。也许有必要偶尔更换一下组织的风险高级负责人，以便冒出新主意，保持良好势头。
- 使用审计和审查技术来保持风险管理技术的使用达到所要求的质量。
- 充分利用风险管理所带来的竞争优势。
- 把风险管理延伸至传统领域以外，尝试在组织的所有领域都开展风险管理。
- 为改进风险过程、工具、技术、人员技能等而进行持续投资。
- 让所有干系人参与风险管理，包括客户、供应商、分包商、监督者、团队成员和技术专家。

保持风险管理的健康，是一场马拉松，而不是短跑。韧性、坚持和承诺，都是非常重要的。需要培养以下几个层面的韧性：

- 个人韧性。个人韧性部分取决于一个人的先天性格，部分取决于后天的培养。
- 项目韧性。如果项目团队成员被赋予了在既定约束之内开展任务的自由，并且项目计划中含有合理的应急储备，从而允许在情况变化时采用灵活的方法，那么项目就具备了一定的韧性。
- 组织韧性。这需要组织具备强大的组织文化，每个员工都理解、接受和践行组织文化中的基本价值观；而且，还要有强大的过程来支持组织的灵活性。
- 社会韧性。这需要社会成员基于一系列共享的价值观，形成强烈的身份认同和团结局面。

我们用医学类比法讨论了风险管理中的常见问题。在全世界的各行各业中都普遍存在这十种风险疾病。不过，采取有效的治疗办法可以使患者恢复到无症状的状态。

仅仅消除这些疾病的症状，当然还是很不够的。风险管理健康不只是没有风险疾病。风险管理健康是一种完好的积极状态，是指具有有效、强大、充分且不断成长的风险管理能力。个人、项目团队和组织，都可以通过运用五种策略来实现并保持风险管理健康。

无论在个人生活、职业生涯、项目或组织中，风险管理都是我们可以大有作为的一个领域。风险管理太重要了，它不允许我们碰运气，我们必须做得更好。通过诊治风险疾病，并进一步养成健康的“风险生活方式”，我们就能够保持健康，从而茁壮成长。

参考文献

[1] Association for Project Management. 2004. Project Risk Analysis and Management (PRAM) Guide, second edition. High Wycombe, Bucks, UK: APM Publishing.

[2] Association for Project Management. 2008. Prioritising Project Risks. Princes Risborough, Bucks, UK: Association for Project Management.

[3] Association for Project Management. 2012. Body of Knowledge, sixth edition. Princes Risborough, Bucks, UK: Association for Project Management.

[4] British Standard BS 6079-3:2000. 2000. Management of

Business-Related Project Risk. London, UK: British Standards Institute.

[5] British Standard BS EN IEC 62198:2013, Edition 2.0. 2013. Project Risk Management: Application Guidelines. London, UK: British Standards Institute.

[6] Chapman, C., and S. Ward. 2002. Managing Project Risk and Uncertainty. Chichester, UK: Wiley.

[7] Chapman, C., and S. Ward. 2012. How to Manage Project Opportunity and Risk. Chichester, UK: Wiley.

[8] Chapman,R.2006.Simple Tools and Techniques for Enterprise Risk Management. Chichester, UK: Wiley.

[9] Cooper, D., P. Bosnich, S. Grey, G. Purdy, G. Raymond, P. Walker, and M. Wood. 2014. Project Risk Management Guidelines: Managing Risk with ISO 31000 and IEC 62198. Chichester, UK: Wiley.

[10] Goldin, D. 1999. Remarks as prepared for presentation to the 100th anniversary meeting of the American Astronomical Society. www.nasa.gov/home/hqnews/ Goldin/99text/aas.txt (accessed February 2014).

[11] Haldane,A.2009.Why Banks Failed the Stress Test.London,UK:Bank of England.www.bankofengland.co.uk/archive/Documents/historicpubs/speeches/2009/ speech374.pdf (accessed February 2014).

[12] Haldane, A. 2011. Risk Off. London, UK: Bank of England. www.bankofengland.co.uk/publications/Documents/speeches/2011/speech 513. pdf (accessed February 2014).

[13] Hillson, D. 1997. "Towards a Risk Maturity Model," International Journal of Project and Business Risk Management, Volume 1, Issue 1.

[14] Hillson, D. 2004. Effective Opportunity Management for Projects: Exploiting Positive Risk. Boca Raton, US: Taylor & Francis.

[15] Hillson, D. 2009. Managing Risk in Projects. Farnham, UK: Gower.

[16] Hillson, D. 2010. Exploiting Future Uncertainty: Creating Value from Risk. Farnham, UK: Gower.

[17] Hillson, D. 2013. "The A-B-C of Risk Culture: How to be Risk-Mature." Presented at PMI Global Congress North America 2013, New Orleans, US, October 2013.

[18] Hillson, D., and R. Murray-Webster. 2007. Understanding and Managing Risk Attitude, second edition. Aldershot, UK: Gower.

[19] Hillson, D., and R. Murray-Webster. 2012. A Short Guide to Risk Appetite. Aldershot, UK: Gower.

[20] Hillson, D., and P. Simon. 2012. Practical Project Risk Management: The ATOM Methodology, second edition. Vienna, US: Management Concepts.

[21] Hillson, D. (ed.) 2007. The Risk Management Universe: A Guided

Tour, revised edition. London, UK: British Standards Institution.

[22] Hulett, D. 2011. Integrated Cost-Schedule Risk Analysis. Farnham, UK: Gower.

[23] Institute of Risk Management. 2002. A Risk Management Standard. London, UK: Institute of Risk Management.

[24] Institute of Risk Management. 2010. A Structured Approach to Enterprise Risk Management (ERM) and the Requirements of ISO 31000. London, UK: Institute of Risk Management.

[25] Institute of Risk Management. 2012. Risk Culture under the Microscope: Guidance for Boards. London, UK: Institute of Risk Management.

[26] Institute of Risk Management. 2012. Risk Culture: Resources for Practitioners. London, UK: Institute of Risk Management.

[27] Institution of Civil Engineers, Faculty and Institute of Actuaries. 2005. Risk Analysis and Management for Projects (RAMP), second edition. London UK: Thomas Telford.

[28] International Organization for Standardization. Guide 73:2009. Risk Management: Vocabulary. Geneva, Switzerland: International Organization for Standardization.

[29] International Organization for Standardization. ISO 31000:2009. Risk Management: Principles and Guidelines. Geneva, Switzerland:

International Organization for Standardization.

[30] Keats, S., and S. Wiggins. 2014. Future Diets: Implications for Agriculture and

[31] Food Prices. London, UK: Overseas Development Institute.

[32] Markowitz, H. 1952. "Portfolio selection," Journal of Finance, Vol. 7, No. 1.

[33] Murray-Webster, R., and D. Hillson. 2008. Managing Group Risk Attitude. Aldershot, UK: Gower.

[34] National Aeronautics and Space Administration. NASA Procedural Requirements 8000.4A. 2008. Agency Risk Management Procedural Requirements (revalidated January 2014).

[35] Project Management Institute. 2009. The Practice Standard for Project Risk Management. Newtown Square, US: Project Management Institute.

[36] Project Management Institute. 2013. A Guide to the Project Management Body of Knowledge (PMBOK® Guide), fifth edition. Newtown Square, US: Project Management Institute.

[37] Rumsfeld, D. 2002. Department of Defense News Briefing, February12, 2002,www.defense.gov/transcripts/transcript.aspx?transcriptid=2636 (accessed February 2014).

[38] Taleb, N. 2007. The Black Swan: The Impact of the Highly

Improbable. London UK: Allen Lane/Penguin.

[39] Tufano, P. 2009. "Managing Risk in the New World" (ed. D. Champion), Harvard Business Review, October 2009.

[40] UK Office of Government Commerce. 2010. Management of Risk: Guidance for Practitioners, third edition. London, UK: The Stationery Office.

[41] US Department of Defense. [s·n] 2006. Risk Management Guide for DoD Acquisition, sixth edition.

[42] Vose, D. 2008. Risk Analysis: A Quantitative Guide, third edition. Chichester, UK: Wiley.

风险医生事务所简介

利用不确定性创造价值

风险医生事务所已有十多年历史。我们依靠资深风险专家团队，结合先进的风险管理思想和实践，为全球的客户提供专业的风险管理咨询服务。

通过合作伙伴，我们的咨询服务遍及全世界。我们的合作伙伴都是相关领域的世界级专家，包括公司和战略风险、项目和项目集风险、金融风险、信誉风险、环境风险、运营风险、定量风险分析、风险心理学，等等。

我们提供各种咨询服务，包括：

- 风险过程审查和开发。把客户的风险管理方法与最佳实践进行比较，为客户提出改进建议。
- 风险研讨会。帮助客户定义风险胃口和风险临界值，识别和分析威胁和机会，评估风险敞口，制定有效的应对措施。

- 风险演讲。在各种大小型会议上做风险管理的主题演讲或简介，以清晰、幽默和实用的形式向听众陈述最新的风险管理思想。
- 辅导和指导。向个人或小型团队提供建议和支持，向他们传授知识和经验。
- 风险培训。为高级领导者、项目经理、项目团队和风险工作者开设各种培训课程，帮助他们提升认识和技能。

更多详情，请见风险医生网站：www.risk-doctor.com。网站中也有许多免费的资料，包括视频、简报和文章。你可以通过该网站查询一些问题。

风险无处不在，既包括各种威胁，也包括各种机会。如果我们想要把问题最小化，把利益最大化，就要主动地管理好风险。风险医生事务所拥有诊治威胁和利用机会方面的骄人纪录，用独特的方法帮助人们更好地理解和管理不确定性。